願いが叶う「幸せの小びんワーク」

願いを叶えるシンクロニスト&幸せ研究家
幸運しあわせ

この世には
あなたを幸せにし、願いを叶える
「幸せの小びん」があることを知っていますか?

幸せの小びんは
あなたの願いを叶える魔法の小びん。
幸せがいっぱい詰まってる魔法の小びん。

見ているだけで
あなたはうれしい心でいっぱい。
そのうれしい心があなたの願いを叶えます。

幸せの小びんは
あなたの願いを叶える魔法の小びん。

あなたのほしいもの
叶えたい願い。夢。成功。
み〜んな運んで来てくれる
あなただけの魔法の小びん。

「小びんワーク」セミナーの受付の様子です。

セミナーでご用意した
小物類の一部です。

小びんワークのセミナー風景です。
和気あいあいと楽しい時間を過ごせました。

紅茶セミナーとコラボした
小びんワークセミナー。
それぞれの夢について、
話が盛り上がります。

貯金がまったくできなかったKさん。
100万円ためることができました（P.100）。

何も希望がなかった
Nさんが作った小びん。
この後思いがけない
金運が…！（P.102）

運気の上がるラッキーグッズを
入れました。

願いの数だけ作ってもいいのです。
セミナー参加者が作った小びん。

紅茶講師Kさんが作った
4つの小びん。
持病の腰痛も良くなりました。

小びんとお菓子を持ち寄って、お茶会のテーブルです。

おいしいもの便乗ワーク（P.72）の様子。

色とりどりのビー玉を入れて、
見ているだけでも気分が上がる
インテリアに。

みらいパブリッシングに
出合うまでの私の小びん。

私が本を書きたいと
思っていたときの小びん。

願いが叶う幸せの小びんワーク

幸運しあわせ

みらいPUBLISHING

序章　～まえがきにかえて～

誰でも人生に奇跡を起こせる

はじめまして、幸運しあわせと申します。さっそくですが、あなたの願いは何ですか？　私は願いを叶えることがだ～い好きです！　毎日、「幸せの小びんワーク」という願いを叶えるワークをして楽しい生活を送っています。ふとした思いが次々と叶ったり、びっくりするような奇跡のようなことがいつも起こって、ワクワク楽しいのです。イヤなことや問題があっても平気。むしろ、それさえも楽しんでいる感じでしょうか。とにかく、どんなときでも、今、最高に幸せなんだと思え、喜びと感謝の中にいる自分が、うれしくてたまらないのです。

しかし……今では、こんなラッキー、ハッピーな私も、最初から順風満帆で、恵まれた人といったわけではありませんでした。

実は……、私は物心がついた幼少期から、今とはまさに正反対。気が付くと、すでに生きる苦しみと困難の中にいました。母からの精神的な虐待。愛されもせず、自分が存在する意味、生きている意味を見い出せずにいたのです。本来守られ、温かい関係を築ける母や家族との関係が築けない。ましてや、他の人と築けるわけもなく、対人恐怖症、コミュニケーション障害、自己嫌悪。どこにも居場所のない、冷たく凍った茨のような道を震えながら歩いて来たのです。ただ唯一、田舎の美しい自然だけが、なぐさめていてくれたように思います。

それでも、私は何とか学校を卒業すると、家を出て働き始めました。しかし、生きづらさに変わりはなく。頑張って生きても30歳までと思っていた、まさにその30歳、私に一つの転機が訪れます。ちょうどそのとき、結婚したいという人がいて、このまま人生の真理も何もつかめないまま人生が終わるのなら、一度結婚してみようと思ったのです。ところが、いざ、結婚してみるとその人はごく普通の人で、私はこのとき、生まれて初めて〝家族〟と呼べるものに触れることができ、その温かさにびっくり驚かされたのをよく覚えています。

結婚は30歳。でも、私はなかなか子どもを産むことができませんでした。もしも、私も母のように子どもを愛せなかったら……。もしも、子どもに何か障害があったら……。私は、ほんとうに愛せるのか？　私は深いトラウマのせいで、これまでも不幸だったのだから、これからも、またいつ、不幸や困難が襲いかかって来て、今あるわずかな平安も失ってしまうのではないか、と不安と恐怖に取りつかれていたのです。

しかし、38歳。ついに私は決心しました。年齢的にも後がなくなった私は、一世一代、勇気を出して子どもを産むことを決断したのです。

そして、子どもが無事生まれたある日。買ったばかりの家の三階の和室で満足そうにスヤスヤと寝ている子どもを見ていたときのことです。**この子のためなら、死ねるなぁ〜**。と思えたとき、突然……今まで誰も、自分さえ愛せなかったのに、人を愛せるという喜びと、**「人を愛せる自分」**を愛せるという、今まで味わったことのない喜びが湧き上がって来て、息もできないくらいの喜びの絶頂体験をしたのです。私は、畳の部屋を転げまわりながら、今まで、なんでこんな苦しい世界を創ったんだ、とあんなに恨みつらみをいっていた神に、「私は幸せです！　私は幸せです！　ありがとうございます！　ありがとうございます！」と何度も何度も、何度も何度も叫び続けていました。

するとそのときから、毎日が喜びで、感謝で、幸福感でいっぱい、すべてが光り輝いているようなプラスの高い心になったのです。ところが……、なんと！　心が一変すると同時に、ふと思ったことや願ったことが次々と叶うようになってしまいました。

人生に奇跡が起こったのです。私はそのとき、私たちの「喜びの感情」には願いを奇跡のように叶える力があることを発見しました。この世は、誰でも、もし最高に喜んでいて飛び上がるようなハイな気分で願ったとしたら、願った瞬間、叶ってしまうような信じられない、ミラクルな世界だったのです。そして、その力を誰もが持っている。なぜ、願いが叶わないのか？　それは、喜べないからなのです。

この世のすべてに『引き寄せの法則』が働いています。プラスの喜べる感情にはプラスの喜べる出来事が引き寄せられ、その結果、願いが叶います。一方、マイナスの喜べない感情には、マイナスの喜べない出来事が引き寄せられ、願いも叶いません。普段、私たちはついマイナスに注目してしまい、喜べることが無限にあっても、見えなくなり、すぐに心のレベルを落としてしまいますよね。このマイナス感情、喜べない低い心のレベルがマイナスの出来事を引き寄せ、願いが叶わないばかりか、人生に不幸を引き寄せてしまっている原因となっていたのです。

じゃあ、願いを叶え、幸せになるには喜んでいさえすればいい！　マイナス感情に浸り続けなければいいんだ！　そうすれば、むやみやたらと不幸はやって来ない！

な～んだ。人生ってとてもシンプル。この喜びの力と『引き寄せ』の力を使えば、誰でも願いを叶え、幸せになれるんじゃないか。もう、誰も、私のように何もわからない暗闇の中で、生きることに苦しんでほしくない、そう思いました。でも、私自身は過去の苦しみがあるから、今がどんなに幸せかを比較でき、いつも喜んでいることができます。しかし、そうでない人はいったいどうやっていつも喜んでいられるのだろうか？　また、私自身もさらにもっと、喜び続けていくためにはどうしたいいのだろう？　突き止めたい……。私は本屋に駆け込むと、ありとあらゆる本をむさぼり読んでは、自分の体験と照らし合わせ、研究していきました。

その結果――、（例え、イヤなマイナスのことがあっても）誰でもが、いつも喜んでいることができて、願いを叶えられるステキな方法を思いつきました。それが、この本でご紹介する〝願いを叶える「幸せの小びん」〟であり、「小びんワーク」なのです。

「小びんワーク」は、どこにでもあるガラスの小びんを使います。

まずは、すでに今ある、「喜べること」や「感謝できること」に気づいたり、「プラスの行動」をすることによって、プラスのポジティブな喜びのエネルギーを小びんの中に貯めていきます。そうすることで、自分の中に湧き出る〝喜び〟と〝幸福感〟が、さらに喜べること、幸福感に満ちる出来事を引き寄せ、願いを叶えていくことができるようになるのです（詳しいやりかたは、後ほど紹介）。

プラスの喜びが、実際インテリアのようにいつも目に見えると、誰だってうれしいはずです！　そのうれしい気持ち、うれしい感情で、願うのです。

このように「小びんワーク」をしたり、小びんを見るだけでも、例え、マイナスのイヤなことや悪いことがあったとしても、例え、今、何か特別ないいことがなかったとしても、誰でもみんな、そのままで、いつも喜んでいる、最高に幸せな人になれます。そして、その内に湧き出る自分の〝喜び〟と〝幸福感〟の感情の力で願いを叶え、人生にさらに幸せのスパイラルを起こしていくという方法があるのです。

また、小びん一つであらゆる心のレッスンもでき、心のレベルもムリなく自然と上げていくことができます。小びんがいつも見えることで、どんなときも、プラスの面を探したり、プラスの行動をしようという気持ちになるので、頑張ったり、苦労しなくても、習慣化が自動的にできるようになります。「小びんワーク」は、遊んでいるのにあなたが自然に幸運体質、奇跡体質になっていける、まさに、幸せになれる魔法のツールであり、『引き寄せの法則』をパワーアップさせてくれる魔法のグッズとなるのです。

私は今、このような『引き寄せ』の原理や「小びんワーク」を知ることができて、心から良かったなぁとつくづく思っています。自分のことをほんとうに「幸運」で、「幸せ」な人間だと本気で思っているのです。そのことを知る以前の私は前述のとおり、法則も何も知らず、長い間ただ、もがき苦しんでいるばかりでした。あのまま何も知らず、自分のマイナスの感情でマイナスの出来事を人生に引き寄せていたら、いったいどうなっていたことでしょう？

ところが、今ではどうでしょう。人生の岐路ではいつも幸せになる方を選択でき、奇跡のように次々と願いを叶えられています。ほしいものを手に入れ、やりたいことにチャレンジし、日々、うれしいシンクロニシティ（意味ある偶然の一致）を体験し喜んでいます。心はすがすがしく、愛と喜びと平安と希望の中でまるでスキップするかのように、楽しく生きているのです。

こんな素晴らしい生き方はほんとうにありません。すべてに感謝し、自分と人を愛せて、美しく生きる。これこそ、私が求めていた生き方なのです。私は心から求めていたものをこの手にすることができました。次々に願いが叶うのは、おまけのおまけ、というぐらい。人生がこのように変わったのは、偶然でも何でもありません。宇宙に広がる絶対的な『引き寄せ』という法則を知り、いつもしっかりそれに根を張り、ブレることなく、日々確信しながら法則どおり生きていけるからなのです。法則に従えば、あなたも求めるものを間違いなく手に入れ、成功し、幸せに生きていくことができるでしょう。

〝喜び〟や〝幸福感〟の感情の発信こそが、喜べる出来事を引き寄せ、願いを叶え、人生に奇跡を起こします。

私は、誰でもが手に入れることができる〝喜び〟、〝幸福感〟、〝平安〟、〝愛〟、〝希望〟、この奇跡に満ちあふれた、うれしくてたまらない、輝く素晴らしい世界をどうしてもお伝えしたく、ペンをとりました。喜ぶ力は誰の中にも備わっています。あなたの中に眠る喜びの感情が喜びに満ちる出来事を引き寄せ、人生をまたたく間に、望む方向へと変えていってくれるでしょう。願いを叶える力、幸せになれる力、イキイキと希望に湧く強力な力が、あなたの中にいくらでもあるのに知らずに使えない、使わないのはもったいない。

あなたも今すぐ、願いが叶う「小びんワーク」を始め、あなたの喜ぶ力を回復し、強化し、これからは、人生に信じられないぐらい、うれしい奇跡をどんどん起こしてより楽しく、よりラッキーに、より自由に、ハッピーに生きていきませんか？

用意するものは、ガラスの小びんと紙とペンだけです。かわいい小びんが、きっと、あなたの幸せのお手伝いをしますよ。

二〇二〇年六月吉日　幸運しあわせ

願いが叶う　幸せの小びんワーク　目次

第2章

さあ、小びんワークを始めてみよう
～ファーストステップ～

第3章

幸せはいつでも向こうからやって来る

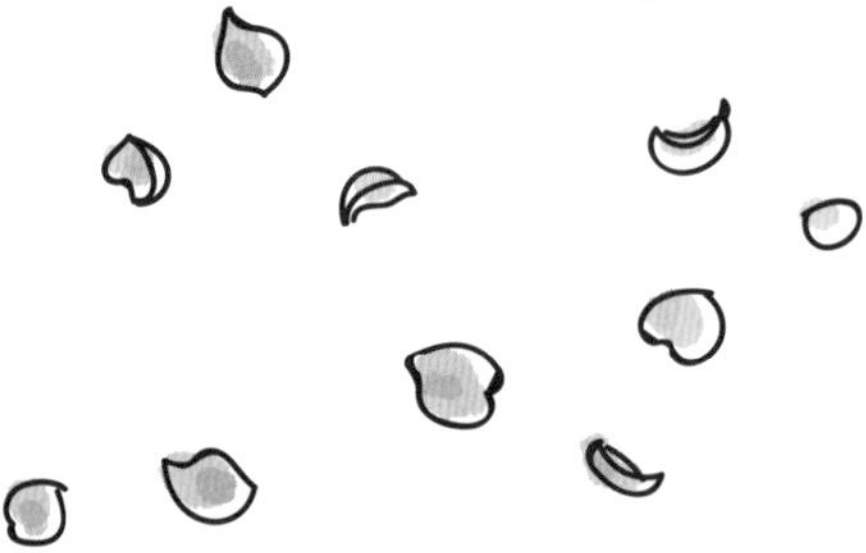

第4章

顕在意識と潜在意識の魔法

第5章

もっとパワーアップ小びんワーク

〜小びんワーク　セカンドステップ〜

第6章 悪いことは悪いことじゃない

第7章 いつでも幸せ、いつでも平安、いつでも希望

本文イラスト　幸運しあわせ

第1章

幸せの1ページ目に書いてあること

最高にうれしいときは、どんなとき？

さぁ、幸せの一ページ目をめくってみましょう。

そこで待っているのは、まず、あなたへの質問です。ただし、頭で考えるのではなく、正直なあなたの『**感情**』に聞いてみてください。それでは……いいですか。

「あなたが最高に幸せで……うれしくて、うれしくて、飛び上がって何度も幸せだぁーと叫びたくなるようなときは……いったい、どんなときですか？」

（ここはとても重要です。答えが出るまで、そのまま、何度も考えてみてくださいね）

実はそれはみ〜んな、〝**あなたの願いが叶ったとき**〟ではないですか？

何度試しても同じです。ここでハッキリといいましょう。**私たちが最高の幸せと喜びを感じるのは、願いが叶ったときなのです！　私たちは願いを叶えるため、幸せを味わうために生まれ、生きています。**どんな願いであれ、（自分と他の人を傷つけない以上）それは、あなたのうそ偽りのない欲求、宝、生きる活力、あなた自身です。だから、自分の夢や願いがないという人と、ハッキリとした夢や願いを持っている人を比べてみると、人生の幸福度やイキイキ生きる目の輝きがまるで違ってきます。

一つの夢や願いの実現で、自分を二倍、三倍、いえ、その何倍も生きることができるのです。願いを叶えることとは、幸せになることなのです。

もし、自分の夢や願いを叶えること、欲求を満たすことをあまり良くないことのように思っている、そんな人がいたら、それは、お金を得ることを何か良くないことのように思って豊かさを十分に味わえない人と同じなのかもしれません。あるいは、求めること自体、すでにわからなくなっているかもしれませんね。でも、そんな人がいても大丈夫。これからご紹介する〝願いを叶える「幸せの小びんワーク」〟をしていく中で、自然に心のつまりやブロック、ブレーキもスッキリ解消されていきます。

願うこと、欲求することはとても素晴らしいもの、人生をイキイキ輝かせるもの。**まずは〝幸せになる〟とそっと決めて。**幸せになることは願いを叶えること。今日からは、遠慮なく自由にいっぱいいっぱいいっぱい願っていきましょう。

〝根拠なく〟願いは叶うと決めていい！

あなたのその願いは何の根拠もなく、叶うと決めていいのです。


願いを叶えられる人と、叶えられない人の違いは何でしょうか？　私が人に、「願いを叶えたくないですか？」と聞いてよく返ってくる答えが、

「だって、私は、願ったって叶わないもの」

という言葉です。これは、何かを願ったことがあったけれど、叶わなかったという過去のデータから、その人が願っても叶わないと〝決めている〟ことです。〝決める〟という心の作用には、例え軽く決めても、現実があなたの決めたとおりに実現するという力があります。叶わないことを自ら決定づけてしまうのです。

あなたも、いっぱい決めていることありますよね。

◇私には才能、能力がないから、できない。
◇こういう性格だから、好かれるわけがない。
◇こんな職場だから、出逢いはない。
◇チャンスに恵まれるわけがない。

でも、願い事とは、まだ実現したことのないことを新たに実現するという、今までとは違うことを起こすことだから、過去のデータや現状に照らし合わせる必要はありません。今までとは、まったく違う次元で起こることなのです。過去や現状をいさぎよく捨て去り、意識を変え、ジャンプする必要があるのです。ほんとうに叶えたいと思う願い事は、**「叶う可能性」**と**「あなたの中に潜む燃える情熱」**があるから心に浮かんで来るのですから。

さあ、あなたの持っているその願いを、今ここで、根拠なく○○○○が叶う（と決める）といってみましょう。

◆根拠なく、人気スターになれる（と決める）
◆根拠なく、世界的なビジネスができる（と決める）
◆根拠なく、大成功する（と決める）
◆根拠なく、スゴい才能がある（と決める）

〝根拠なく叶う〟と決める魔法は、とてもいい魔法です。あなたは、現状の自分ではとても叶えられそうにもない、とんでもないような、どんな大きな願いもラクラク願うことができます。それが叶うことに、まったく根拠を必要としないからです。

あなたの過去がどうあろうと、現在がどうあろうと、あなたにどんな欠点があろうと、どんなダメなあなたでも、決めることで、叶うということを決定づけることができるのです。

そして、叶わないんじゃないかとか、どうすれば叶うのかとアレコレ思考するのは止めて、ただ願いが叶ったときの感情をうれしいなぁ〜と喜び、体験し続けていればいいのです。根拠なく叶うと決めると、根拠なく叶うという最高の魔法がかかるのです。うれしいですね。

あなたのその願い、今すぐ、根拠なく叶うと決めましょう！

〝喜びの感情〟こそ願いを叶える力

なぜ、〝叶うと決める〟と、あなたが願っていることが実現するのでしょうか？　それは、現実を創っているのが**心の力**だからです。でも、決めるという力よりも、もっと強力な心の力があります。それが何だか知っていますか？

願いを叶える最強のパワー、それは〝喜び〟の力です。

ここでいうパワー、力強さという意味を、たぶんあなたは誤解しています。**人生をイ**

キイキと生きることや願望の実現、成功に導く最も力強いパワーとは、いつも喜んでいるということ。パワーでも何でもないような、一見弱々しく見えるうっとりするような、〝喜び〟や〝幸福感〟に満ちる「感情」、その感情こそが最強のパワーなのです。

あなたが今後、願いを叶え、成功するためには、この意識の転換がカギとなります。というのも、願いが叶った状態＝最高に喜んでいる状態。最高に喜んでいる状態＝願いが叶った状態に『引き寄せの法則』が働くからです。幸せになれない、願いが叶わない、成功できないのは、この〝喜び〟や〝幸福感〟という感情の発信が、これまで、圧倒的にあなたに足りなかったからです。

この世には『引き寄せの法則』が働いています。私たちの喜んでいる感情が喜べる出来事を引き寄せるのです。

目に見えるものも見えないものも、出来事も、すべてが波動のエネルギーでできています。このすべての根本といえる波動のエネルギー自体が、**同じエネルギーは引き寄せ合う**という特質を持つものであり、心の状態と物事が引き寄せられる原因そのものなのです。

ただ、私たちの感情のエネルギーの方向性として、プラスの喜びの感情とその真逆のマイナスの喜べない感情というように、正反対の二極性があります。プラスの喜べる感情は、同じプラスの喜べる出来事を引き寄せ、その結果、願いが叶います。一方、マイナスの喜べない感情は、同じマイナスの喜べない出来事を引き寄せ、願いが叶わないばかりか不幸になってしまうのです。

これが、幸せになる原因、願いが叶う原因。これが、不幸になる原因、願いが叶わない原因なのです。『脳にいいことだけをやりなさい』（マーシー・シャイモフ著、茂木健一郎訳　三笠書房刊）の中ではこう書かれています。「チベットのダライ・ラマ十四世は著書の中で、幸福感を生む習慣とそうでない習慣とを区別することが重要だと説いています。

『まず何が幸福へと導き、何が不幸へ導くのかを知りましょう。そして不幸へ導く要素を徐々に消していき、幸福へと導く要素を養っていく。それが幸福への道です』。

何が幸福へと導くのでしょう？　心の力による「引き寄せの法則」からいうと、幸せになりたかったら、願いを叶えたかったら、いつも喜んでいればいいということなのです。**幸せな状態、願いが叶った状態と同じエネルギーを、自分自身が今、感じ、発信していればいいんです。**つまり、いつも最高に喜んでいれば、同じエネルギーである最高に喜べる出来事が引き寄せられて来るということです。

何が不幸へ導くのでしょう？　マイナス感情で、不平不満や愚痴、人への批判や嫌悪、不足感をいだき、いい続けるのは自由ですが、それは、すべて、不平不満や愚痴、人への批判や嫌悪、不足感を持たざるを得ない出来事として、自分自身に引き寄せられてしまうことを知るべきです。このマイナスの引き寄せを防ぐためには、不幸を引き寄せるマイナス感情に陥り続けなければいいのです。しかし、私たちは、ついついマイナスに注目、マイナスばかりを見続け、喜びを忘れてしまうマイナスの心の習慣の中にすでにいます。そこが問題なのです。まずは、幸福へと導く要素を養っていく。**今ある幸せ（喜べること、感謝できること）に気づき、喜ぶことから始めましょう。**喜べることがないのではなく、喜びは当たり前になって見えなくなる、見ていないだけなのです。

「小びんワーク」は、詰まってしまって機能しなくなったあなたの中の喜ぶ力、幸福感を取り戻し、強化し、いつでもプラスに、ポジティブに喜んでいることができるようになるワークなのです。

信じられないような幸運は、いつでもまばゆい喜びの光の中からやってきます。願いを叶えるには、喜びの感情が絶対的必須条件。あなたは、願うときどのぐらい喜びながら願っていますか？

マイナス感情はどこから来るの？

「喜べっていったって、喜べることなんてどこにあるの？」これが以前、私が持っていたマイナス的な思いでした。願いが叶い幸せになれるのが心の力なら、願いが叶わず不幸になるのも心の力です。そして、願いが叶う最大の力がプラスの〝喜び〟の力なら、願いが叶わない不幸になる「最悪」「最強」「最凶」の力、それは、その真逆にあるマイナスの〝喜べない〟感情なのです。

でも、私たちを不幸へと導くその〝喜べない〟マイナス感情、いったいどこからやって来るのでしょう？　私たちが喜ぶ力を失ってしまう原因、願いが叶わない原因、うまくいかない原因、成功しない原因、不幸になってしまう原因、その原因を知ることは問題解決にとって、とても重要なことです。

実は……。私たちは弱肉強食、競争社会の中で生きています。そして、生存のため、「安全でいること」、「喜べること」に注目するより、自己防衛のため、危険、リスク、悪いこと、マイナスばかりに注目する生物でもあるのです。

喜べること、いいことが無限にあっても、それは安全で、注目しなくていいものになって見えなくなるのです。常に、生命を脅かす危険なマイナスに注目、集中する……。それが行き過ぎると、不安、恐怖へと陥っていきます。そして、自己防衛から自分自身や他の人への攻撃、嫌悪、敵対心となり、マイナス行動まで起こしてしまうのです。**不安、恐怖、自己防衛の行き過ぎた状態、それがすべてのマイナス感情の原因なのです。これが、私たちを喜びから遠ざけている原因なのです。これをしっかりと知り、わかっていることが大事です。**自分や他の人がマイナス感情に陥っている原因、動機がはっきりとわかるからです。そして、それが、いじめや戦争へと発展するのです。これがこの世に苦しみの世界が存在する理由です。

でも、問題に対処するために備わってる本能＝感情そのものが悪いわけではありませんよね。在って当たり前。でも、集中しすぎて行き過ぎるのが問題なのです。

心のレッスンを実践するのは難しい

不安、恐怖、自己防衛が行き過ぎた、喜べない心はすでに習慣化しています。このマ

イナスの感情が不幸を引き寄せます。私たちがより幸せになり、願いを叶え、成功していくためには、このマイナスの喜べない心の習慣を、プラスの喜べる心の習慣に逆転させて、いつも喜んで、幸福感を感じていなければいけません。そして、そのためには、『心のレッスン』が必要なのです。

例えば、プラス思考をしましょう、人を愛しましょう、自分を愛しましょう、という本を読んで、自分でもそうなろうとチャレンジしたりします。人に悩みを相談したり、自己鍛錬、自己修行したり、ワークショップやセミナー等に参加したり。学び、反省し、成長する必要があるのです。

ただこの『心のレッスン』は目に見えず、どのぐらい実践するかは、その人の自発性に任されているので、なかなか成果をあげにくいものです。脳科学によると、そもそも私たちは、脳幹といわれる生命維持に関わる部分の働きで、危険回避のため、今、安全なコンフォートゾーンがあれば、そこに留まり動こうとしません。変化することに不安を持つのです。しかも、この脳の指令が一番強い。だから、変わりたいと思っても、行動しようと思っても、変われないし、行動できないのです（自分が怠け者でダメな人間というわけではなかった。脳のせいだったのですね。自分を責めなくていいんです）。

あなたも本を読んだだけで終わらせているること、三日坊主で終わらせてしまっていることってありませんか？　それとも、みんな、私のように人生の苦難困難を味わい、長い時間をかけて喜べるようになる必要があるのでしょうか？　いいえ。もっと、カンタンで、楽しく遊びながらラクにできる方法がきっとあるはず。それが、これからご紹介する〝願いの叶う「幸せの小びんワーク」なのです。「小びんワーク」は、見えなくなった〟喜び〟が見えることで、私たちをそのままで、いつでもポジティブなプラスの心の状態にしてくれる便利な道具です。願いを叶えてくれる『引き寄せの法則』を誰でもカンタンに使えるようになり、パワーアップしてくれるグッズなのです。しかも、難しいことは一切なし。遊びながら、楽しく、自然に心のレッスンができます。

幸いなことに私たちの脳は、生存のため、大きな変化や行動はしたくないという一方で、小さな変化や行動なら喜んで実践しようとします。だから、最近の自己啓発本、成功本には、夢や目標があったら、まず、小さなステップに分割して行動しようとうたわれているのです。小さな喜べることや感謝できることを見つけたり、小さなプラスの行動をして、紙に書き小びんに入れて願うという小びんワークは、まさにこれにピッタリ。自分を喜びや感謝を一つでも見つけた、その瞬間から着実にあなたは変わり始めます。

変える、それは、小さなことを確実に実践することからスタートします。

ゆえに本書はこれまでとは違い、読んだだけに終わらない、あなたが今からすぐ、いつも〝喜び〟と〝幸福感〟に満ちて幸せでいるための見えない内面ワークを、実践レベルで具体的に示し、目に見える形で行えるようにした本なのです。気になるワークがあったら、一つでもいいので、ぜひ、実践してみてください。

ハーバードの人生を変える授業

「小びんワーク」が目指している、〝喜び〟や〝幸福感〟という感情をいつも心に持つということは、実際どんな力があり、どんなことが起こり始めるのでしょうか？　それを研究する心理学的な学問があります。今、心理学の世界で注目されている「ポジティブ心理学」というものです。**「ポジティブ心理学」とは、わかりやすくいうと、人間が持続的な〝喜び〟や〝幸福感〟を感じて、幸せになるための、実践的な方法を研究する心理学です。**

みなさんは、世界トップレベルの大学、アメリカのハーバード大学をご存じですよね。そのハーバード大学で、学生たちが殺到し、人生を変えていった人気ナンバーワンの伝説の授業があったそうです。「ポジティブ心理学」の若手の第一人者であるタル・ベン・シャハー教授の授業です。ポジティブ心理学の研究の結果わかったことは、ポジティブな感情（喜び、幸福感、感謝、安らぎ、興味、誇り、愉快、鼓舞、最適、愛、希望など）は、**ネガティブ感情を打ち消し、**問題への対処や回復力を高め、思考や行動の選択肢を広め、個人的資源を高め、人々を変容し、さらに人生上昇のスパイラルを生み出すそうです。つまり、幸せなポジティブな気分＝〝喜び〟や〝幸福感〟を感じていると、行動力や創造性が高まって持てる能力が発揮でき、問題解決力が高まり、より幸せになり、より成功できるということなのです。タル・ベン・シャハーは、授業の中で学生たちに、この**「ポジティブな感情を創り出すワーク」**を実践することを教えていたのです。

それが大人気となって、そのワークをまとめて本にしたのが『ハーバードの人生を変える授業』（タル・ベン・シャハー著　成瀬まゆみ訳　大和書房刊）という本です。そして、その本の一番最初に書いてある、自分の中にポジティブな感情を創りだすワークとは……、**『感謝する』**です。そして、本の中で、心理学者のロバート・エモンズとマイケル・マッカローが行った実験が紹介されています。

二人は被験者を二つのグループに分け、一つのグループには**「毎日感謝できるものを五つ書いてもらう」**というもの。この感謝できるものを書いたグループは何もしなかったグループに比べ、人生を肯定的に評価できるようになり、幸福感が高まり、ポジティブな気分を味わえるようになりました。つまり、幸せになり、意志が強くなり、エネルギッシュになり、楽観的になっていったのです。そして、感謝に次ぐ、その他のワークとして、**『思いやりの心を持つ』**とか**『親切な行動をとる』**とか**『いいところを探す』**とかさまざまなものがあります。

でも、どうでしょうか？　これらの「ポジティブ心理学」のワークは、「小びんワーク」の〝いつも喜んで、幸福感を感じているためのワーク〟と同じ趣旨のワークなのです。あのハーバードで教えられていた、「ポジティブな感情を創りだすワーク」と同じように、あなたも「小びん」を使って、今ここで実践できます。

もちろん、ポジティブな〝喜び〟〝幸福感〟という感情を私たちが持つということの素晴らしさは、それだけではありません。「小びんワーク」では、「ポジティブ心理学」のいう〝ポジティブな感情〟＝〝プラスの感情〟の力を使えば、ツキや運も巡って来る、そして、さらに、その感情の力で願い事をすれば願いが奇跡のように叶うという、ステキな魔法をかけていくことができるのです。「小びんワーク」には、そんな不思議なうれしい魔法がいっぱいです。それではこれから、その魔法の数々、ご紹介していきましょう。

「小びんワーク」21の魔法

いつも喜んでいると願いが叶う。でも、私たちはマイナスに注目する習慣の中にいて、いいことが見えなくなり喜ぶことができない、だから願いが叶わない。

〝だったら……見えなくなるいいことを、いつも目に見えるようにしたらいいんじゃない？〟

そう思いつきました。そこから小びんの魔法が始まります。

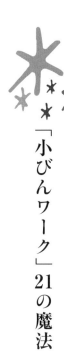

小びんの魔法
1

喜びを視覚化し、喜ぶ力と引き寄せ力アップ

すでにある「いいこと」や「感謝できること」を見つけ出したとき、また、「プラスの良い行動」をしたとき、紙に書き、カットしたものを、願いを書いて貼ったガラスの小びん中に貯めていきます。すると、見えなくなっていた喜びを視覚化、物質化することができ増えていくのが見えるので、幸せになるために、何も必要としなくなります。特別ないい出来事がなくても、どんな人も、そのままで、いつも〝喜び〟と〝幸福感〟を感じている、幸せな人になることができ、その喜びの力で、喜べることをさらに引き寄せていくことができるようになるのです。

また、私たちの脳は、見えることに最大の刺激を受け、一つのことに集中すると他が見えなくなるという特質があります。いつも小びんの見える喜びに注目していると、今度は逆に、マイナスがあってもないが如く囚われなくなり、マイナス感情に陥らなくなります。その結果、引き寄せ力がアップ、喜びのエネルギー（＝あなたの心）

に喜びのエネルギー（＝喜べる出来事）が引き寄せられ、自然に願いを叶えていくことができるようになります。喜びの感情を湧き立たせ、実践や行動を促すものが、インテリアのようにいつも目につくところにある、これほど脳の機能上、有効で効果的なものはありません。

小びんの魔法 2

魔法の小びんに即、変身

小びんワークの最初のステップは、まず、ガラスの小びんにあなたの願いを書いた紙を貼ることです。願いを貼ってみるとあら不思議。それだけで、ただのガラスの小びんが、願いを叶えるあなたの大事な大事な魔法の小びんに早変わり！　ほんとに不思議なんですよ。

小びんの魔法3

やらない日が続いても大丈夫

「こうなりたい」「こうしたい」という願いがあれば、ノートや日記、手帳などに書き、いつも見るという方法があります。しかし、手帳などをいつも見る人はいいですが、そうでない人は、まず、引き出しやバッグに入っていて閉じられた手帳を取り出し、いつも見ることを習慣化しなければいけません。よほどまめな人でないと続かないものです。しかも、やらなかった日が続くと挫折感や自己肯定感の喪失は半端ない。落ち込み、自己嫌悪、相当な打撃を受けてしまいます。

そこで、そんなことしなくても、見に行く必要もなく、目につくところにある「幸せの小びん」は、てっとり早くいつでも自分の願いを意識できます。しかも、やらない日があってもまったく影響がないのです。やらない日があっても喜べるのが魔法。三日坊主でも大丈夫。しかもいつも見えるので、あっ、プラスの気持ちやプラスの行動ワークをしなくちゃ！　と自然に気づけて、実践することができます。また、例えワークをやらなくても、見ているだけでもやる気のパワーを与え続けてくれるのが魔法の魔法なのです。

小びんの魔法
4

遊びのように楽しく願いが叶えられる

小びんワークを考えていたとき、私は突然、中学のとき読んだ『少女パレアナ（ポリアンナ）』という本のことを思い出しました。その本の中でパレアナがいつもしていた遊びが、どんな中からでも〝喜び〟を見つける「喜びの遊び」という遊びです。小びんワークも同じ。〝喜び〟を見つける「喜びの遊び」であり、〝感謝〟できることを見つける「感謝の遊び」なのです。遊んでいるのに、願いが叶うなんてステキじゃないですか？　遊びだからこそ、気軽に取り組め、続けられるのです。

小びんの
魔法
5

小びんは願いを叶えられる幸せな人の心そのもの

本のことと同時に思い出したのが、願いを奇跡のように次々と叶えられるようになったときの私の心の中の風景です。そのとき、私の心の真ん中には子どもを愛せるという大きな〝喜び〟が燦然と大きく輝いていて、人に親切にするなどのプラスのいい行動をすることによってさらに喜びが増し、輝きが増していくというものでした。その大きな喜びの前には、たとえマイナス的なことがあっても、それは心の隅にあり、対処はできるが、まるであってもないが如く、まったく気にならないというものだったのです。まさに、この心の状態のとき、願いが叶っていったのです。

そして、この心の状態こそが、小びんに願いを貼り、小びんの中に喜びと喜べる行動のエネルギーを貯め、願いを叶えていく姿そのものなのです。驚いたことにそれは、不幸でマイナス感情で心の中が真っ暗、いいことがあっても、まったく見えていなかった、昔の私の心象風景とは真逆のものでした。

小びんの魔法
6

心のレッスンができ、レベルも上げられる

喜べることや感謝できることを見つけることはもちろんですが、プラス思考をしたり、学んだり、人に親切にするなどのプラスの良い考えを持ったり、行動をすることによって、心のレッスンができ、心のレベルを上げていくことができます。本を読んだだけで終わらせない、願いを叶えるためのワークを確実に実践していくことができるのです。小びん一つで、ありとあらゆるプラスの行動や心のレッスンをすることができるのが魔法の魔法。

今まで読んだだけで実践せず終わった啓発本を引っ張り出して来ましょう。そして、その内容、例えば、人の成功を祝福しようとか、自分を褒めようとか、アファメーションをしましょうとかを、改めて小びんワークで実践し、紙に書き、小びんの中に貯めていきましょう。「幸せの小びん」は、なかなか実践できない、レベルを上げる心のレッスンを、小びんがいつでも見えることで、カンタンに実践しようという気持ちにさせる、唯一無二の便利グッズなのです。

小びんの魔法 7

マイナスも書くことで内観や心の整理ができる

逆にマイナスの思いや行動は紙に書いて、小びんの外に置いておくことにします。マイナスが悪いということではないからです。そこから学ぶ「課題」として置いておきます。実は、このワークの効果は、マイナス感情になっているときも、単にその感情に囚われているだけでなく、囚われている自分を認識できるようになることなのです。自分が喜んでいるのか、マイナス感情なのか、常にチェックでき、心の内観がカンタンにできるようになります。心のチェックによって心の整理ができれば、感情や考え方を変えることができます。また、自分は何が好きなのか、何がやりたいか、何をすべきなのか、煩雑化した思考がよりシンプルにクリアになって来るのです

小びんの魔法 8

幸せになる「プラスの比較」ができる

これまでは自分と他の人とを比べて、なんて自分は劣っているのだろうかとか（それが、プラスになることを除いて）、「不幸になる比較」をして来ました。しかし、これからは小びんの中に貯められた無限にあるいいことと、小びんの外にある良くないことと比較して、喜びに比べて悪いことは小さいことなのだと自分の中で比較する、「幸せになる比較」ができるようになります。どんな苦しいことが起こっても、小びんの中の喜びの大きさと小びんの外のマイナスの大きさが比較できるようになるので、**今このときが最高に幸せなのだとわかり、喜び、感謝して生きることができるようになります。つまり、〝今を最高に生きる〟ということがカンタンにできるようになるのです。**

小びんの魔法
9

プラスの資質がどんどん引き出される

身の周りから喜べることや感謝できることを見つけ出していく小びんワーク。初め、なかなか喜べることや感謝できることを見つけられずに喜べなかった人も、やっていくうちに心のつまりが取れていきます。中には、外側のマイナスのことばかり増えてしまう……と、途方に暮れる人もいるかもしれませんね。初めはムリやり感謝してもいいのです。それがコツです。一筋の小さな喜びや感謝の流れが呼び水となり、本来持っている「喜べる本質的な自分」が、川の流れとなって大海になる如く、もともと自分の中にあったプラスの資質が自然とどんどん引き出されて来ます。喜ばずにはいられない、感謝せずにはいられない、人を愛さざるを得ない人となり、実践していくうちに幸せが止まらない人となっていくのです。

小びんの魔法 10

自然に習慣化、幸運体質になる

〝喜び〟や〝幸福感〟、〝達成感〟は、脳内麻薬といわれる「幸せホルモン」を大量分泌させるほど、とても魅力的なもの。喜べる自分、感謝できる自分を発見するたび幸福感を得ます。人のためにいいことをし、喜べる本来の自分が引き出され、もともと持っている本質的な喜びを味わえるので、その喜びをまた味わいたいと習慣化ができます。さらに、小びんによって常に視覚化されているので、実践意欲が高まり、また結果が出るため、自然と習慣となってしまうのです。

このようにマイナスに囚われるマイナスの心の習慣を、カンタンに、喜びに注目するプラスの心の習慣に逆転できるため、「小びんワーク」を実践することによって、幸運体質になっていくことができるのです。

小びんの魔法 11

自分を確実に変えていくことができる

自分を変えたい、理想の自分になりたい、という思いも、多くの人が持っている願いです。でも、なかなか変えていくことができない理由の一つには、**私たちの脳が今、ある程度安全なら行動すること、変化することに不安やリスクを感じるからだということを、前にも書きました。**行動できない、変われないのは怠け者だからではないのです。でも、私たちの脳は小さな変化なら喜びます。喜べることを見出したり、プラスの行動をするなど、小さなステップを踏む小びんワークは、自分を変えていくという点において、脳科学的にまさにぴったり、実際に誰にでも実践可能で、結果を出せる素晴らしいワークです。ムリなく不安なく、遊びながら確実に自分を変えていくことができます。

小びんの魔法 12

義務的にしていることをパワーに変えられる

「小びんワーク」では、普段行っているエネルギーを失っていくような義務的なつまらない作業や家事などを、すべて、プラスの行動として行い、「小びんワーク」にして、願いの叶うプラスのエネルギーにすることができます。できればやりたくない、楽しめないことも、有意義な役立つものに変え、楽しめるようになるのです。領収書の整理とか、役員としての役割とか、お掃除、洗濯、買い物、すべてを「小びんワーク」にすれば、やりたくないこと、つまらないことが、自分の願いに直結する有意義なパワーになり、やりたいことに変わってしまうのです。

小びんの魔法 13

幸せな成功者と同じ心の状態になる

「小びんワーク」で実践する心の状態、生き方こそが、幸せな人やラッキーな人、最初から恵まれている人、幸せな成功者たちが無意識にわかっていて、当然の如く持っている心の状態であり、生き方なんだと思います。幸せな成功者は無意識に願いが叶う心の法則を実践しているので、恵まれていて、物事がトントン拍子、スムーズにいき、運がいいのです。その成功者との見えない心の違い、心の在り方の違いを「小びんワーク」をすることで補い、誰でも同じように「幸せな成功者の心」を持つことができるようになり、成功することができるようになります。

小びんの魔法
14

願いの叶う潜在意識世界を表わすシンボルとなる

また、願いを貼ったり、入れたりしたりした小びんの中に、喜べることやプラスの行動をしてプラスのエネルギーが貯まっていくという小びんの空間は、願いが叶う潜在意識世界全体を表したものだともいえます。願いを叶える見えない潜在意識世界が、目で見える、さわれるってステキじゃないですか？　このように「幸せの小びん」は、願いを叶える潜在意識世界をシンボル化したものなので、小びんに向かって、願ったり、祈ったり、どうしたらいいのか答えを尋ねたり、質問することができます。

小びんの魔法 15

誰でもカンタンに今すぐできる

小びんワークは、ガラスの小びん、紙、ペンなど身の周りのどこにでもあるものですぐ始められ、小さな子供から年配の方（下は8歳、上は98歳まで実践中）、また、男女を問わず、どこの国の人でもカンタンに行うことができます。

小びんの魔法 16

明るく楽しく、希望を持って生きていける

小びんワークはどんな環境、状況の中でも、喜べること、感謝できることを見つけ出し、見つめていくワーク。マイナス感情に囚われなくなるので、日々を明るく楽しく生きていけるようになります。精神面の問題やウツ、認知症などになりにくく、明るい希望ある楽しい精神状態でいられるようになります。

小びんの魔法
17

どこにでも置けて持ち運べる

小びんは、どこにでもカンタンに持ち運べ、好きな場所に置くことができます。また、外出先に持って行き、〝小びんコミュニティ〟をつくったり、〝小びんお茶会〟などを友達と開催して、夢や願いを語ったり、ワークのシェアもできます。

小びんの魔法
18

自分好みにデコレーションができる

小びんのふたの部分に人形や小物を飾ったり、びん本体にレースやスパンコール、シールを貼ったりできる。また、びんの中に、ビー玉や鈴、音の鳴るものを入れたりして聴覚を使って脳に働きかけることもできます。さらに、願いの叶うラッキースターや開運グッズを入れて、オリジナルに楽しむこともできます。小びんに向ける親しみ、愛情は、さらなるプラスのエネルギーになります。

小びんの魔法 19

人を幸せにできる、応援できる

人の幸せのために願うと、その人のプラスのエネルギーに加算され、その人の願いが叶ったり、幸運が舞い込んだりして人を幸せにすることができます。年配の方のお子さんやお孫さんの幸せを願う「小びんワーク」は、お子さんやお孫さんの幸せに大きな貢献をすることができます。愛は喜びと同じく、最高のプラスのエネルギーです。

小びんの魔法 20

願いが叶うのでビジネスに効果絶大

願いを叶えられる心のレベルの高い人材がいればいるほど、その会社はビジネスが発展します。新商品のアイデアも、新企画のアイデアも、売り上げアップのアイデアも、問題解決も、願ったら、願いが叶って実現するからです。特にクリエイティブな仕事では、アイデア、ひらめき、思いつき、良案、新発想、新開発、新ストーリーが湯水のように湧き出して来ます。また、危機やチャンスに対する直感も強力に働くので適切な行動が取れるようになります。

小びんの魔法
21

人への攻撃や争いがなくなる

プラスの行動はプラスの出来事を引き寄せ、マイナスの行動はマイナスの出来事を引き寄せます。助けたら助けられる。与えたら与えられる。認めたら認められる。愛したら愛される。逆に、嫌ったら嫌われる。奪ったら奪われる。攻撃したら攻撃される。このことを知っている、体験していれば、学校や社会、世界からいじめや攻撃、戦争等のマイナスの行動が無くなり世界が愛と平和に包まれるようになります。

小びんワークはカンタンなのにこんなに魔法がいっぱいなのが魔法の魔法。さぁ、これからその魔法を、実際に試していきましょう。

第2章

さあ、小びんワークを始めてみよう

～ファーストステップ～

小びんワークの始め方　～はじめのはじめ～

これは、小びんワークの基本中の基本。ファーストステップです。

【用意するもの】

◆びん／中身がよく見える、大きすぎず、小さすぎないもの。
ふた付きで広口のもの。

◆**紙とはさみ**／文字が書けるもの。小びんに入れるためカットするはさみ。
あらかじめカットした紙や付箋を使ってもいい。
（紙ではなく、リボンを使ってリボンに書いてもいい）

◆**筆記具**／ボールペンやサインペンなど、濃く書けるもの。
色は何色でもいい。

◆**その他**／願いを書いた紙を、小びんに貼るためのセロテープなど。

【やり方】

① 自分が一番叶えたいメインの願い事を紙に書き、小びんに貼る

例「理想の人に出会いたい」「お金持ちになりたい」「仕事で認められたい」

②「プラスのいいこと」を紙に書いて小びんの中に入れる

例「目が見えてうれしい」「歩けてうれしい」「デザートがおいしかった」「自分を褒めた」「お掃除をした」「プレゼントした」「○○の本を読んだ」「旅行に行きたい」

うれしいこと、楽しかったこと、感謝できること。人に親切にしたこと、努力したことなどの「プラスのいいこと」をしたとき、それを紙に書いて小びんに入れる。また、メインの願い以外に、ほかの願いも思い浮かんだら、どんどん小びんに入れていい（願うこと自体がプラスのこと。また、書いて入れたときの日付を入れてもいい）。

③もう願いが叶ったときの喜びを体験しながら、うっとり願う

小びんのふたを閉め、プラスのエネルギーを貯められたうれしい気持ちで、叶ったときをイメージ、想像してうっとりと願う。その幸せな世界に入り込み、願いが叶ったことを先取り、最高の〝幸せ〟と〝幸福感〟を今、味わい体験する。そして、いつも体験する。願いの叶う願い方とは、すでに叶ったことを先取り、その〝喜び〟と〝幸福感〟の世界を味わい体験することです。

④マイナスの思いや行動は紙に書き、小びんの外に置く

例「〇〇さんがイヤだ」「こんなことがあって腹がたった」
「〇〇しそうで不安だ」「ケンカした」「ウソをついた」
「イライラした」

プラスのことを見つめようとしても、日常生活、どうしてもマイナス思考をしてしまったり、マイナスな出来事に囚われてしまうものです。でも、マイナス感情そのものが悪いというわけではないので、そこから学ぶべきものとして、「課題」として、紙に書き、小びんの外に置いておきます。自分がどういう状態なのか認識でき、心を整理できます。また、悪いことと良いことの比較ができます。反省したり、解決したりしてあまりそのことが気にならなくなったら、捨てましょう（願いを叶える力がつくと願いが叶って自動的に問題は解決するので、単なる「課題」として置いておくのです）。

このように、小びんワークファーストステップは、今までの願いの叶わない、マイナ

スに注目する「マイナスの心の習慣」を、プラスに注目していつも喜んでいる、願いの叶う「プラスの心の習慣」に転換していくことができるのです。

願い方のタイミングバリエーション

◆その1　喜べること、感謝できることを見つけたとき、プラスの行動をしてうれしい気持ちになったとき、即願う。

◆その2　朝、昼、晩、食事の前。朝夕の洗面。お手洗い。朝起きたとき。寝る前。何かのタイミングに合わせて、叶ったときの気持ちを先取り　体験しながら願う。（タイミングに合わせて願う習慣で、毎日確実にワークを実践できます）

◆その3　いつでも好きなときに、「小びんワーク」して願う。

フィンガーカウントアファメーション法

好きなときいつでもできる、**『フィンガーカウントアファメーション』**をして、願い事をすることができます。アファメーションとは、自分自身に対して肯定的な言葉を唱え宣言することです。そして、『フィンガーカウントアファメーション』は私の考案したアファメーション法で、唱える回数を目標にして、指を使ってアファメーション回数を数える方法です。回数を目標にすることで達成感も味わえます。『フィンガーカウントアファメーション』は願うことと同じなのです。**10回**か、**40回**か、**111回**（願望実現数といわれる）、「大成功」とか「○○が叶う。叶った」「○○できる。○○する」とうれしい気持ちで唱えながら願います。

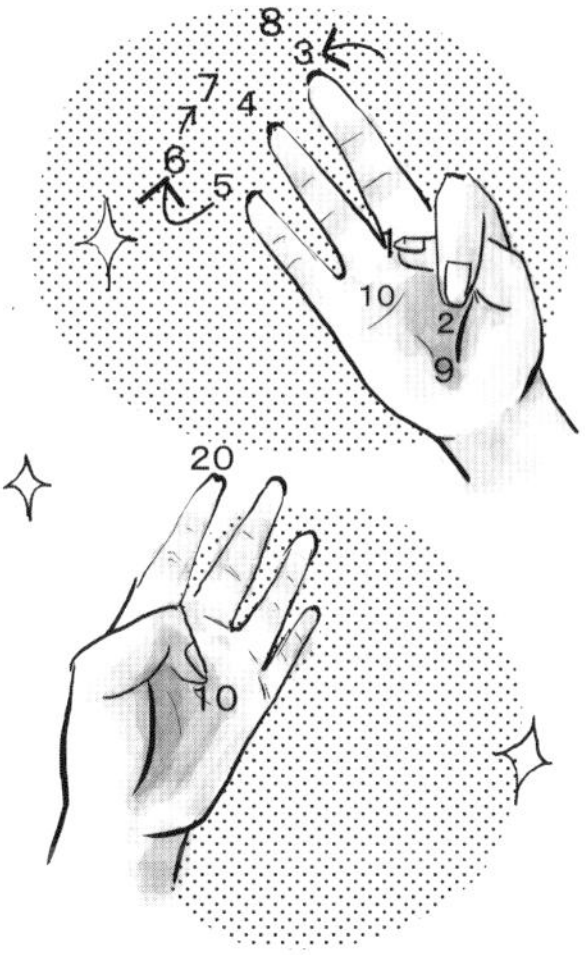

10回は、片手だけでできます。とてもカンタンなのでちょっと、やってみませんか？「大成功する」を10回いってカウントしてみましょう。まず、「大成功する」と1回いったら、右手（利き手）の親指を折り、2回目は人指し指、3回目は中指、4回目は薬指、5回目は小指を折りますが、6回目からはグーになった右手の小指から立てていって数え、10回目の「大成功する」で親指に戻ったら10回アファメーションしたことになります。

また、もっと強力にしたかったら、10回以上の**40回フィンガーカウントアファメーション**や**111回フィンガーカウントアファメーション**をして願います。右手で10回フィンガーカウントしたら、左手の指を1（十の位だけ）折って10。もう、10回右手の指で10数えたら、左手の指をまた1折って20。このように**10回右手で数えるごとに、**左手の指を一つずつ折って、左手の指を4折ったら40数えたことになり、左手の指を10回折ったら１００数えたことになります。いつでもできます。数を数えることによって達成感が出て、いつでも楽しくうれしくなり、力も湧いて来るワークです。

さらにいうと、「お金持ちになってうれしい」とか感情を込めてアファメーションするとベストです。「百万円」とか、「理想の彼」とか、自分の願うもののピンと来る言葉を唱えて願ってくださいね。『フィンガーカウントアファメーション』したら、『フィンガーカウントアファメーション』したと紙に書いて、小びんに入れ、「小びんワーク」しましょう。

願いの叶わない願い方、してない？

今までのあなたの願い方、もしかしたら、間違ってはいませんか？

ここで、本格的に願っていく前に、あなたの願い方をチェックしてみましょう。世の中、いっしょうけんめい願っているのに、頑張っても頑張ってもうまくいかない。願いが叶わない。うまくいきそうになっても、なぜかじゃまが入るようにダメになってしまう。人生ボロボロになって疲れ切ってしまう……そんな人も少なくないものです。なぜ、同じように願っているのにそんなふうになってしまうのでしょうか？

それはやはり、目には見えない心の状態と、起きてくる出来事との間にある『引き寄せの法則』を知らないからだと思います。その願いの叶わない願い方とは？

願いの叶わない願い方①　〜マイナス感情、マイナス行動のまま願う〜

「あ〜、苦しいな。あの人イヤだな。イライラする」「不安で恐怖でしかたない。あの問題が気になってしょうがない。どうしたらいいんだろう」というような、マイナス感情の中で願ってはいませんか？　喜んでいない、心のレベルを落とした状態で、願ったとしても、それは願いが叶ったときのうれしい感情と同じではなく、マイナス感情の方が強いのです。また、自己中心的になって、人に害を与えている人も、「害を与えたら、害を与えられる」の法則で、じゃまが入り、そのためにどんなに努力したとしても苦しくイヤに思える出来事が引き寄せられ、必死に努力しても、結局願いが叶わないどころか、さらに不幸になってしまうのです。

願いの叶わない願い方②　～マイナスに決めてから願う～

そこまでマイナス感情に陥っていなくても、例えば、「私には能力がない、でも叶えたい」と、自分がまず、能力がないとか才能がないとか、マイナスに決めてから願っても、決めたとおりになってしまうのです。

仕事の問題であっても同じです。思い悩んだりしながらマイナス感情のまま願ったり、「自分はダメだ」と決めつけてから「こうしたい」と願っても、叶ったときと同じうれしい感情ではないし、決めたとおりになり、願いが叶うことなど起こり得ないのです。そんな心の状態と起きてくることの関係を知らず、自分の心の状態ではなく、自分の意のままに、自分の外にある人や物事を動かそうとやっきになったり、不平不満を貯め込んだり、攻撃したり、策略をめぐらすほど愚かなことはありません。願いは喜びの感情に乗せて発信し、その喜びの感情に喜べることが引き寄せられ叶うのです。小びんワークは、その願いを叶えるための適切な喜びの感情を身につけるワークなのです。

また、その他にも、あなたが思い違いをしている感情の使い方があります。「こうなるんじゃないかな」と心配することにも注意が必要です。心配や不安はそうならないため、対処するためにあるのです。心配しすぎたり、不安になりすぎると、そうなりたくないという願いがあるにもかかわらず、心配したとおり、不安に思ったとおりの出来事を引き寄せる発信をすることになってしまいます。これが、自分のことならまだしも、仕事や自分の大切な人のことについて、こうなるんじゃないかと心配しすぎたり、不安になりすぎると、心配したとおりのことが起きてしまいます。愛から出た思いなのに、大切なことや大切な人に災いとなって心配したとおりのことが起こって来るので、ほんとうに気をつけたいものです。

気持ちは最高、魔法のバスタイムワーク

願いを叶えるのに強い力は必要ありません。歯を食いしばって、頑張って、頑張って、何度も何度も強く念じるように願う必要はありません。逆にそうやったり、誰かを打ち

負かすような競争心でいっぱいだったら、思いとは裏腹になかなか叶わないかもしれません。どうしても、何が何でも叶えるという気持ちは、執着、怒り、不満につながるからでしょう。

願いを叶える最高の力は喜びの力です。どんな喜びの力かというと、願いが叶ったときと同じ、うれしいという最高の喜びの感情の力です。願いが叶った瞬間は飛び上がってしまうほどうれしいものです。そして、2、3日はハイテンションで過ごすかもしれません。そして、それから後は、とてもピースフル。何ともいえない幸福感に包まれて過ごし、安心感と希望と感謝でたまらないはず……この心で願うのです。

叶っても叶わなくてもいいような執着のない、感謝でいっぱいの幸福感と愛と平安。この意外な一見ふわふわした弱々しそうな、うっとりトロけるような喜びの感情こそが、願望実現ための最高・最強の力なのです。小びんワークでの願い方とは、この感情で願うことです。

でも、私が今、この心境で願えば叶いますよ、〝幸福感〟ですよ、といっても、具体的にはどんな気持ちなのかわかりにくいですよね。その心境に限りなく近づけるのが、実は、**「バスタイム」**なのです。**願いを叶える魔法のバスタイムは　午前中か昼か、夕方がベスト。**お湯は熱くなく、胸下までの半身浴（寒い時期は肩までしっかり）が、よりリラックスできてお薦めです。できれば、夕方にはキャンドルをつけて、好きな音楽を流し、好きな入浴剤を使ってゆったり、うっとり過ごしましょう。

入浴は禊《みそぎ》でもあります。心の汚れやアカは洗い流し、すがすがしい気持ちと、蛇口をひねればすぐ出てくるお湯と水、豊かな時代に生まれたことを感謝しながら、そのうっとりとした幸福感とうれしい気持ちで願いましょう。また、そのうれしい気持ちで、すでに願いが叶った自分を何度も想像、イメージし、先取り体験します。そして、その心境、その気持ちをしっかり覚えてくださいね。願うときはいつでも、このバスタイム気分を思い出し、願いましょう。このバスタイム気分でいつもいることが、理想の理想です。

また、落ち込んだ気分、イライラした気分のときも、積極的にバスタイムワークをすることによって、どのぐらい自分が〝喜び〟や〝幸福感〟のレベルから心を落としていたのかはっきりと知ることができます。もちろん、バスタイムワークすることで落とした心のパワーを回復していくこともできるでしょう。バスタイムしたら、バスタイムワークしたと紙に書いて小びんに入れ、願い事をしましょう。

うれしい㊙喜び便乗ワーク

願いを叶える最高の気持ちになれるのは、バスタイムワークだけではありません。その他にも、好きなものを食べに行く、ずっとほしかったものを思い切って買う、旅行に行って自分にご褒美をあげる。そんな機会をつくって、そのときのうれしい気持ちで願う小びんワークをすることは、とても楽しいものです。ですが、喜びの感情のとき願うという原理は同じでも、もっと手軽で世界一カンタンな、願望実現ワークがあります。

わざわざ、そういう特別な状況をつくり出さなくてもできるものです。あなたが、うれしかったとき、おいしかったとき、楽しかったとき、ただその感情を流してしまうのではなく、その感情に乗せて即願う、という**「喜び便乗、願望実現法」**です。喜びの感情で願うことがカンタンにでき、どんな感情で願うのかという感情の練習ができ、習慣化することができます。例えば、たまたまおいしいお料理を食べる機会があったとします。おいしい、うれしい、楽しい、その気持ちをただ流してしまうだけではもったいない。その気持ちに乗せて、料理とは**直接関係ない**あなたの願いを、即、便乗させて願う「喜び便乗ワーク」をしましょう。

ちょっと奮発してバッグやお洋服を買ったり。遊びに行ったときはワクワク、ルンルンします。そんなとき、ただ、うれしい、楽しい、ハイな気分をそれだけで済ませるのはほんとにもったいないのです。朝日をあびて気持ち良かったときも。木や草、花の香りがクーンと香り、甘くすがすがしかったときも。子どもを抱きしめて幸せを感じたときも。好きな人と過ごせたときも。ちょっとした小さな幸せを感じたら、見逃さず、即、その気持ちに乗せて願い、小さな喜びを全身の細胞に伝え、全細胞で喜びましょう。

あなたの中にすでにある喜びの大海を感じてください。そして、もう願いが叶った、うれしい自分を何度も体験するのです。この喜ぶ力を回復する「喜び便乗ワーク」は世界で一番カンタンな願望実現法です。誰でもできて、難しいことがない。しかも、効果は絶大です。「喜び便乗ワーク」したら、「喜び便乗ワーク」したと紙に書いて小びんに入れ、「小びんワーク」しましょう。

この小さな行為が、あなたを小さな幸せを見つけるスペシャリストにし、いつも小さな幸せを見つけ喜んでいる、ステキな魅力ある女性に変身させてくれるでしょう。もしかしたら、幸せになっちゃいけない。願いを叶えるなんてわがままいっちゃいけない。カンタンに喜んだり、浮かれてはいけない。自分を不用意に解放し無防備になっちゃいけないというような無意識の縛りや鎖を溶かし、もっと自由に、もっとハッピーに飛び回れるあなたにしてくれるかもしれませんよ。

ほんとうの願いの叶え方は、一回願ったら、叶えようとせず、後はもう、そうなったうれしい気持ち、幸福な気持ちになって、叶った状態を今、感じ、何度も体験することなのです。

求めるのは幸福感と幸福感に満ちる世界

私たちが求めてやまないのは、願いが叶った自分と願いが叶った世界。本質は、何を成功させたいとか、したいとかではなく、その先にある〝喜び〟〝幸福感〟〝平安〟を得たいのです。そこは、〝喜び〟と〝幸福感〟に満ちた世界で、私たちは、憧れの理想の世界でどうしても生きたいのです。それは、現状が不満だとか気に食わないとかではなく、感謝はしているけど、成長、発展してどうしても行ってみたい世界なのです。執着ではなく、成長、発展、情熱として、もう、このレベルの世界には居たくないという強い欲求が出て来るのかもしれません。

そして、その気持ちが頂点に達するとき、何かが音を立てて変わり始めます。憧れの世界と一体化した幸福感という感情の中にいるとき、同じ幸福感をもたらす出来事のエネルギーが、波動の法則で引き寄せられて来るのです。願いがまだ叶っていなくても、叶ったことを想像して、私たちは同じ幸福感の中にいることができます。叶ったことを想像して幸福感を感じているとき（また、まったく願いとは関係ない他のことで幸福感の中にいるときも）幸せの扉は開き、どんなスゴい願いも当たり前のように実現していきます。それは現実に起こったことなのに、「これはほんとうに現実かしら？」という感じで、まるで夢を見ているかのように突然、起こって来るのです。誰でも、見たい、行きたい、住みたい、理想の幸福な世界があるのです。あなたが、心からほんとうに見たい、住みたい理想の現実世界はどんな世界ですか？

第3章

幸せはいつでも向こうから
やって来る

ある日、突然、奇跡がやって来た

思っただけで、行きたかった旅行が当たったり。ほしかった宝石や洋服、バッグをもらったり。偶然にも望みどおりのメガネやパソコンを手に入れることができたり。いつでも、ラッキー、ハッピーな私ですが、この奇跡のように願いを叶える〝引き寄せの力〟と〝喜びの力〟に初めて気がつくことができた、その最初のきっかけとなった出来事があります。

その奇跡が起こったのは、私が念願の自宅を購入したときのことです。前述したとおり、毎日、子どもと自分を愛せる喜びと感謝でいっぱい。どうせならと、運が良くなる風水インテリアをしながらウキウキ、ルンルンしていたときのことです。

そんなとき、私は突然、自宅を買ったばかりなのに、隣の店舗付き物件がほしくてほしくてたまらなくなりました。というのも、本屋で見た『**不労所得**』（働かなくても収入がある）というワクワクする言葉にとても憧れたからです。お金は一生懸命働いて稼ぐものという、今まで私の持っていた概念が壊されました。そして、働かなくても好きなことができる時間がある、そんなステキな生き方があるのなら、私もそういう世界で生きてみたい。『不労所得』がほしいなぁと思ったのです。

見ると隣の物件は、自宅と同時期に建てられた新築物件。一階が店舗、二、三階が住居になっている、白い出窓のおしゃれなステキな物件です。でも、オーナーがお店を開業されたばかり、私も家を買ったばかり、普通だったら手に入るような物件ではありません。にもかかわらず……私はそのとき、叶う叶わないなんて考えもせず、ただ、能天気にもう手に入ったかのようにウキウキ、ルンルン踊っているかのようにうれしく過ごしていたのです。（幸福感の中にいるとき、人は能天気になるようです）

するとと……不思議！　不動産屋さんに相談したわけでもなく、誰に何を頼んだわけでもないのに……それから数日後、「〇〇さん、隣が売りに出るから買わない？」と、なんと自宅を紹介してくれた不動産屋さんが突然やって来て、そういうではないですか！「エッ、エーッ！　エ〜〜〜ッ」私は思わずのけぞりながら、目の前で起っていることがとても現実だとは信じられませんでした。だって、ほしいなぁと軽〜く思って、手に入ったかのようにただ喜んでいただけで、本気で叶うなんて思ってもいないし、人に頼んでもいない。しかも、今回、神頼みさえしていないのに、その願うときの気持ちのあまりの軽さ、叶うスピードの速さ、スケールの大きさがスゴかったからです。その願いが叶うために何の努力もしていないのに、願っただけでほしいものが向こうからやって来たのです。

何が私にそうさせたのでしょう？　以前と変わったのは、たった一つだけ。喜びと感謝にあふれるようになった私の心だけです。「そんなことが起こったのは、単なる偶然だよ？」そう思いますか？　……そうではありません。心には現実を創る力が確かにあるのです。実は、このお話には続きがあります。

奇跡が目の前で動いていく

実は、隣の物件には少しだけ問題がありました。いろいろな人間関係が解決されないまま、あるらしいのです。私は自分が何かしなければならないのなら、ちょっと、面倒だなと思いました。そして、できれば、それらが全部解決したあと、自分は何もしないで手に入らないかなぁ～と、ずいぶん虫のいいことを思ったのです。しかも、できるだけお安くね。（幸福感の中にいると、人は虫のいいことも軽い気持ちで考えられるようです）

すると……不思議。ただ、軽くそう思っただけなのに……目の前の現実が急に大きく動きました！　隣の物件が、突然、いったん、そこを建てた建築屋さんのものになったのです。「あれっ、絶対私のものになるはずなのに……おかしいなぁ？　いったいこの動きは何だろう？」と思いました。でも、大丈夫。きっと最終的には私のものになるはず。そんな気がして、私はこの状況を静観していくことにしました。

するとと、不思議です。その建築屋さんは、たまたま不動産屋もしていたので、専門家として、もめていたそれぞれが納得いくように、法律的にもきれいに整理していきました。また、お金と時間をかけてリフォームもし、新しい借家人を募集。すべて、新しい契約に結び直し、まっさらな賃貸物件に変えてしまったのです。

ところがです。不思議なことに、その建築屋さんがすべてを整えたとたん、なぜか、その建築屋さんが隣の物件を管理できない状況が勃発。結局、隣の物件は、まったく何もしてない私のものになったのです。願いどおりに。しかも、新築なのに半額以下で。

私は、憧れの憧れ、『不労所得』を得るという願いを、ラクラク叶えることができました。それはまるで、ラッピングされ、リボンまでかけられたプレゼントを、さぁ、どうぞとにっこり差し出されたかのようで、愛さえ感じられるものでした。

それぞれの人の思惑は別の所にあったとしても、私の思いや願いが叶うように人が勝

手に動いていくのです。あれよあれよと見てる間に動かされていきます。そんな奇跡が目の前で動いていく様を、私はじっと見ていました。決して偶然なんかではないのです。

疑っても否定しても叶う、スゴい魔法

例えば、こういうこともありました。いつも喜んでいることができるようになり、喜びの力で大きなことから小さなことまで次々と叶えられるようになった私は、連絡を取ったばかりの知人夫婦のことを考えていました。その知人夫婦は、息子夫婦と二世帯住居に住んでいるのですが、息子夫婦と仲が良くなくなってしまったらしいのです。しかも、息子夫婦には十年間子どもができてないということです。

そこで、私は思いました。二世帯で暮らしてることに問題があるんじゃないかしら？

別れて暮らせば精神的にもリラックスして、子どももできるんじゃないかしら。そう考えたのです。そして、私が隣の物件を手に入れられたように、息子夫婦も隣の家に住むことになり子どももできる。そのために、知人夫婦の隣の家の人が事情ができて家を手放さなければならなくなって、隣だから家を買ってくれないかとやって来るのです。知人夫婦も息子夫婦もそれを承諾。息子夫婦は隣の家に住むことになり、子どももできる。ああ、そうなったらいいなぁ。そうなって、みんな幸せになったらいいなと勝手に考え、喜んだのです。

でも、思いましたよ。まさか！　まさかね！　私ごときがそんなこと願ったって叶うわけがない。そう思いませんか？　みなさんもそう思うでしょう？　そんなことが起こるはずがない。在り得ないこと。私も、そう完全に疑い、否定したんです。今までの願望実現の本には、疑ったり、否定したりしたら叶わないと書いてあります。だから、絶対叶わないだろう、そんなことは絶対起こらないと思っていました。でも、そうなったらいいなぁとは思っていました。（そして、なぜか、家を買ってくれないかといって来るのは向かって右側の家の人とイメージしていたのです）

ところが……びっくりです！　数カ月が過ぎて、知人夫婦に年の暮れのあいさつの電話をすると、なんと、隣の家の人が家を買ってくれといって来て息子夫婦が買って住み、子どもが十年ぶりにできたというではありませんか。しかも、どっちの家の人かと尋ねると、それは向かって右側の家の人だそうです。みなさん、思考で叶うことを疑い、完全に叶わないだろうと否定しても、大丈夫なんです！　心がいつも喜んでいると、叶ってしまうんです。しかもそれは、願ったことが叶うという喜びでなくても、健康でうれしいとか、他のことでも何でもいいんです、心がいつも喜んでいると、完全に疑い否定するようなあり得ない願いでも、あっけなく叶ってしまうのです。うれしいですね。

疑っても、否定してしまっても、自分にはそんなこと、とても叶えられないだろうと考えても、もう大丈夫。願いとは別なこと、目が見えるとか、おいしいものが食べられるとか、まったく願いとは関係ないことで、いつも心が喜んで幸福感を感じ、プラスの感情でいれば叶ってしまうのです。喜んでいれば、叶えたい願いはおろか、叶えられないと完全に疑うような自分にとって、ものスゴい大きな願いでもあっけなく叶ってしまうのです。**願望実現には、頭で考える思考より、いつも喜んでいることが一番。私たちの喜びの感情には、現実をいともカンタンに変えてしまう、そんなスゴい底力があるのです。**

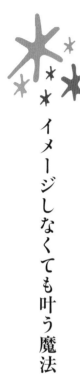

イメージしなくても叶う魔法

願いはイメージしていなくても喜んでいたらスルッと叶います。

今までの願望実現の本には、ありありとイメージすることが大切と書いてありますが、ほんとうにそうでしょうか？　もちろん、自然にありありとイメージできれば、イメージして喜んでいればいいと思います。でも、いつも喜んでさえいれば、無理やりイメージしようとしなくてもいいのではないでしょうか。隣の物件を手に入れた後、私は次に、屋上のある鉄筋のビルが、ほしいなぁと思いました。そして、そのときは、そのビルの屋上で打ち上がる花火を見て楽しんでいるイメージが自然に湧き出したので、イメージしていたら、願いが叶って、たまたま手に入れたビルの屋上で、ほんとうに花火が見えたという経験があります。

ところが、その手に入れたビルの隣に古い物件がありました。境界線いっぱいに建てられていたので、激しい雨が降ると、隣の古い物件の屋根から雨水が通路に滝のように降り込んで来ました。まず、私は、境界線が正されないかなと思いました（第1の願い）。次に、雨が降り込む状況が、どうにかならないかなぁと思っていました（第2の願い）。それから、私のビルの一階の店の貸借人がお店をやめることになりました。次に借りてくれる人を募集しなくてはならず、こちらも、早く借りてくれる人が見つからないかなぁと思っていました（第3の願い）。

でも、それってどうやって解決するかイメージできません。できるのは、ただ、問題解決して良かったなぁと、喜んでいる自分をイメージして喜んでいるだけです。

ところが、びっくり！　願いが叶うことを喜んでいただけで、何もしないのに、ある不動産屋さんが突然現れて、隣の古い物件を買いあげて取り壊し、新しくアパートを建てることになりました。境界線もちゃんとしてくれます。新しいアパートが隣に建てば、見栄えもステキになるし、もう、雨も降り込んで来ないでしょう。

すると、隣の物件の一階でお店をやっていた人が、移転しなければならなくなって、私のビルの空く店舗をすぐ借りたいといって来たのです！　特にありありとイメージしていなくても、喜んで願っていると、自分ではイメージできない、予想もできない方法で突然、問題が解決して願いが叶うのです。

その他にもこんなことがあります。私は家の近くにステキな図書館がほしいなぁと思っていました。図書館はどこも遠くて、小さくて、少し暗いのです。だから、少し大きめの窓のある、明るい気持ちの良い図書館が近くにできないかなぁとイメージしていたのです。するとびっくり！　そう思っていただけで、建ったばかりの高いビルの中間部に三階すべてが吹き抜けで、全面ガラス張りの明るくステキすぎるホテル並みの図書館ができたのです。イメージしていたものとはぜんぜん違う、イメージしたものよりははるかに数千倍も上回る、素晴らしい現実が現れたのです。

できたばかりの図書館に行って、三階すべてが吹き抜け、全面ガラス張りのその明るい空間に立ったとき、あまりの素晴らしさに、何か宇宙にある愛がサンサンと自分に降り注がれているのを、心から感じました。それはまるで、喜んで願ったら、イメージしたもの、望んだものの何千倍もいいものをあげるよ、そういわれているような気がしました。

イメージが絶対的に重要なのではなく、願っているときの喜びの度合いが願望実現には最も重要なことなのです。なぜなら、喜びの感情はイメージ以上のものだからです。喜んでいれば喜んでいるほど、イメージしたものや望んだこと以上の、今までの自分の概念になかったような、より素晴らしい出来事が向こうからやって来るのです。

一度にいくつもいっぺんに叶う魔法

いくつもいっぺんに願ってはいけない。ほんとうに叶えたい願いだけを、願うようにと書いてある願望実現の本があります。ほんとうでしょうか？

以前、私の自宅の近くの駅の前に、古いビール工場がありました。いつも、どうして駅前に、今どきこんな古くて大きいビール工場があるのかしら。工場なら建物が密集している駅前より、駅から遠いところにあった方が便利だし、駅前の景観もイメージも良くなるのにと思っていました。そして、次のようにイメージしながら願っていました。

①工場が移転し、②その後にきれいなマンションや戸建てが建ち並んだり、③公園ができればいいいな!

また、ちょうどそのとき、④前述した明るい図書館がほしいなとも思っていたのです。それから、そのころ、公園でウォーキングをしていたのですが、夕方になると人も少なくなり暗くなると怖くなります。そこで、どこか近くに夕方や夜でも明るく、人通りも多く、⑤怖くないウォーキングできる場所がないかな、とも思っていました。

①~⑤は、日常生活をしていく中で、誰でも普通に出てくるようないくつもの思いです。ところが、気が付くと①工場が取り壊され始めました。すると、あれよあれよという間に、②マンションや○○ビレッジなるおしゃれな戸建てができ、③公園もできました。さらに、④そこに先述の望んでいたあの図書館もできたのです。大きなショッピングモールもできて、その目の前がライトアップされた夜でも明るい公園になり、⑤夕方

や夜遅くでも、人通りが多く明るい安全なウォーキングができる場所ができてしまったのです。

私が願ったことがすべて、自分が想像もしていなかった「駅前再開発」という名のもとに一度にいっぺんに叶ってしまうこととなりました。何か問題があっても、クレームや苦情をいって、争わなくてもいいのです。前述した私のビルの隣の古い物件のこともそうです。隣がどうにかならないかなぁ、空く店舗に早く貸借人が見つからないかなというう願いもそうです。願っていたら願いが叶って、勝手に解決してしまうのです。しかも、いくつものことを一度に願っていると、それらがいっぺんに解決する方法で叶ってしまうということが起こって来ます。

願いは自然に出てくるもので、それを調整しようとしなくてもいいのではないでしょうか。いくつも自然に、喜びながら願うと、それらが一度にいっぺんに叶うという、うれしいことが起こって来るのです。

一瞬で叶う魔法

いくつもの願いがいっぺんに叶うだけではありません。いつも心が晴れやかで、すがすがしく喜んでいると、願ったことが一瞬で叶うということが普通に起こって来ます。

以前私は、天然ミネラル成分のパウダーファンデーションを使っていました。とてもいいものだったのですが、パウダーなので粉がもれてあちらこちらが汚れてしまいます。ポーチに入れても中が汚れてしまうのです。だから、粉が絶対もれないような持ち運び用のコンパクトがほしいなぁと思いました。

中にパウダーとハケが入ってる丸いシルバー色のコンパクトで、外カバー付きのチャック式。外カバーの生地は色が黒で、私が持っているコートと同じ丈夫な生地で、使いやすいもの。そんなコンパクトがあればなぁ。ほしいなぁと思っていたときでした。「ピンポン、ピンポン」と鳴って誰かがやって来ました。玄関に出てみると、今思っていたその化粧品の会社から何か送られて来ました。プレゼントと書かれています。何だろうと開けてみると……なんと信じられないことに、さっき私がほしいなと思ったパウダーファンデーションのコンパクトが、頼んでもいないのにプレゼントとして送られて来たのです。作りも形も、私が想像したとおり。コンパクトはシルバー色、カバーの色は黒。生地もまさに私のコートと同じ生地なのです！

また、あるときは、テレビである女優さんがかけていたグリーンのメガネがとても似合ってステキだったので、私もグリーンのメガネがほしいなぁと思いました。深い草色のグリーンで、形は四角く、しかも激安で。そんなメガネがほしいけどあちこち探す時間がない。でも、ほしいなと思いながら近くのコンビニに出かけて行ったら、コンビニの隣に何か新しい店がオープンしたみたいで、旗がいっぱいはためいています。何だろうと見てみると、激安ネガネと書いてあるではないですか！　エッ、まさか！　まさか！　と思いながら入ってみると、なんと私がほしくてイメージしていた色、形、そのままの激安のグリーンのメガネが、そこにあったのです！

願ったことが、思ったことが、一瞬で叶う。ほんとにびっくりします。でも、そんなうれしい奇跡が〝喜び〟と〝幸福感〟の中にいるとしょっちゅう、頻繁《ひんぱん》に起こってきます。体験してみないとわからないかもしれませんが、驚きと喜びとともに、心にサッと光が差すような、目が覚めるような思いになります。

この世は、私たちが思い込んでるようなつまらない世界でも、私たちは意味のない存在でもない。喜んでいるとこんなことが起こる世界で、私たちはこんな奇跡のようなことを起こせる存在なのだと思い知らされるのです。誰だって、喜べることを見つめ、幸福感に包まれていると、こんな魔法のようなことが、しょっちゅう起こるようになるのです。そして、生きることが断然楽しく、希望と力に満ちあふれてくるのです。

幸せな「小びんワーク」実践者たち

私だけがこのようなことができるのでしょうか？　私だけにこのようなことが起こって来るのでしょうか？　いいえ、心がほんとうに喜んでいたら、誰にでも起こる現象なのです。ここで、小びんワークを実践して喜ぶ力がアップし、同じように願いを叶えた人たちをご紹介したいと思います。

仕事はもちろん、奇跡のように願いが叶ったTさん

Tさんは、ヘアメイクアーチスト。「小びんワーク」の中の「喜び風水ワーク」をして喜ぶ力をアップ、仕事はもちろん、奇跡のように願いが叶って、一生に残る素晴らし

い思い出をつくることができた人です。仕事としては、願っていた憧れのヘアアレンジショーに出演することができて注目をあび、インタビューを受け、なんと雑誌にまで掲載されました。そして、私が忘れることができないのが、「ねえ、聞いて、ビックリするような、スゴイことが起きたのよ」という言葉で始まる彼女のお話です。

Tさんは、約20年前、学生時代にとても親身になってくれた恩師に再会したくて、ずっと、いろいろ手を尽くして探していたそうです。でも、当時のクラスメイトに聞いても、学校に尋ねてもどこにおられるのかわかりませんでした。でも、会いたいなぁ、会いたいなぁ、会って、当時のお礼がいいたいなぁと心から願っていたそうです。そんなとき、急に彼女のお母さんの眼圧が上がって、手術をしなければならなくなりました。でも、病院のベッドが空いてなくて、やっと、一つだけ空くベッドが見つかった病院があったので、入院の準備をして行きました。そして、そのベッドに行ってみると、ちょうど、前の使用者がガンの末期でもう、自宅での静養を決め、帰られるところでした。何か聞いたことのある名前だなぁと思っていたら……なんと、その方は探していた、その恩師本人だったのです。

「ねぇ、こんな偶然ってある? 涙、涙の再会になったのよ。その後、先生のお宅で、先生が亡くなるまで、昔のクラスメイトもいっぱい呼んで、お別れもできたのよ。先生、うれしそうだった。先生に会えてお礼がいえたし、ちゃんとお別れもできたし、ほんとに良かった」

「でも、それでね、まだあるの」と彼女がいいます。

「信じられる？　うちのお母さん、あの後手術前の検査をしたらね、眼圧がまったく正常になっていて、私たち荷物を持って帰らされたのよ」

そして、私がいった言葉は、

「うん、喜んでいたり、慕わしいという愛の心で願っていたら、そういうことよくあるのよ」

一番ステキな場所に、家を建てたかったSさん

Sさんは結婚して、妊娠して、生まれて来る子のためにもいい環境で、ステキなお家を建てたいなと心から思っていました。そこで、自分たちが家を建てられて、幸せになれる土地を、ご主人の仕事のお休みごとに、いっしょに探し回っていました。でも、なかなかこれという場所を見つけられなかったのですが、ご主人もSさんも、一目見るだけでここ！　という場所を見つけたのです。でも、残念なことに、通学路の道の幅が狭くて、これじゃ、子どもが危ないね、と泣く泣くあきらめて、他の場所を探していました。そんなときに私と出会って、「小びんワーク」の中の「喜び風水ワーク」をしたの

です。

ワークをして2、3日後。すぐでした。突然、ご主人のご両親がやってきて、いっしょに土地探しをすることになったのです。探しているうちに、ご両親がこっちにいい場所があるような気がするからぜひ行ってみたいと、もう、すでに、一回探した方へどうしても行きたがったので、しかたがなく行くことにしました。すると、Sさんも、ご主人も、ご両親も見るなり、ここは素晴らしいと叫んでしまうような理想の場所があったのです。けれど、Sさんもご主人も、しばらくすると気づきました。そこは、以前二人がここはいいね、といったあの土地だったのです。あのときは狭い通学路で購入を断念したけど、今見ると、広い通学路に工事中で、新しい大きなショッピングモールや、すぐ近くに新しい小学校も建設される予定になっているではないですか。

「喜び風水ワーク」をして喜んでいなければ、ご主人のご両親が突然やって来て、すでに見た場所を見たいということもなく、再び見に行くこともなく、泣く泣く妥協して他の場所に家を建てていたかもしれません。喜んでいなければ、同じように飛び上がって喜べるような理想の土地を手に入れることはできなかったかもしれないのです。そして、今では、お子さんも無事生まれ、みんながお気に入りの理想の場所に、お気に入りの理想の家を建て、毎日楽しく幸せに暮らしています。

ガンが無くなった！　奇跡が起きた！　と叫んだK君

私のセミナー仲間のK君が、あるとき、私に相談に来ました。以前も前立腺ガンで手術を受けたことのある、当時74歳のお父さんが、今度は、すい臓ガンになって手術をするというのです。すい臓ガンは一度なったら、治る可能性の低い、進行性の早いガンだと聞いています。K君もそれをよく知っていて、もうダメかもとショックを受け覚悟したそうです。でも、それでも何かお父さんのために自分にできることはないかと、私に相談して来たのでした。そこで、「小びんワーク」を紹介したのです。

K君は、「喜び風水ワーク」や神社仏閣回り、ゴマ業などをして紙に書き、小びんに入れて、「小びんワーク」をいっしょうけんめいしました。そのうちに、ついに、お父さんの手術の日が来ました。ところが、医者が手術をしようとして開腹すると、なんと、ガンが消え去って、ガンともいえないものになっていたのです。もちろん、転移の心配もないそうです。担当医師も驚き、かかりつけ医もあり得ないことだと驚いたそうです。驚いたK君は、「奇跡が起きた！」と私にメールを送って来ました。

それから5年間、お父さんは亡くなるまでの間、大好きな家庭菜園を毎日して楽しいときを過ごすことができたそうです。K君も、お父さんのために、自分にやれるだけのことができて悔いがない。ほんとうに良かったといっています。

パニック障害も無くなり、貯金できるようになったKさん

Kさんはうちのお店で働いてくれている女の子。真面目で、笑顔できちんと働いてくれるとても優秀な人です。でも、なぜか、貯金がまったくできないというのです。人生最高に貯められたのが20万円。でも、それは、自分では貯められないからお母さんが貯めてくれたもの。自分で貯められたことはないのです。しかも、うちで働きだしてしばらくたった頃、突然お店の中で、ブルブル震えだして私をつかんで、今にも倒れそうな感じで、休んでもいいですか？　といいながらしゃがみ込んでしまったのです。どうしたのとビックリして尋ねると、以前かかったパニック障害が、また出たのだといいます。パニック障害は不安からくると聞いていたので、背中をさすりながら、「大丈夫。大丈夫」といっしょに唱えていたら、治まりました。でも、たびたび起こるので、本人は残念だけど、もうここの仕事を続けられないかもと思っていたそうです。私としても、いい人なので長く働いてほしいと思っていました。

そこで、不安はお金の不安から来ているような気がしたので、気分転換に、喜びや感謝に注目し、不安が薄れていく、金運アップの「小びんワーク」をしてみないかと勧めました。そして、小びんを渡して、すぐの土曜の朝、20万円ほしいと書いて貼って小びんワークしてみたそうです。すると、その日の土曜と次の日の日曜の2日間で、ほんとうに、ピッタリ20万円の臨時収入があったのです。ほんとうにぴったり、その額だったので驚いて、休み明けにお店に来るなり、「叶うの早くないですか？　叶うの早くないですか？」といって来たのです。そこから、彼女の金運が上がっていき、働く時間は少ないのに、今ではお金を貯めることが楽しくなり、ついに目標だった１００万円を達成。パニック障害もまったく起きていません。「私はバカだった。貯金ができないのが自分だと思っていた。それが、当たり前だと思っていた」「貯金って、できるんだ。これからの人生がすごく楽しみ」といって次の目標貯金額達成を目指しています。（彼女が作った小びんの写真は巻頭に掲載してあります。）

そして、その他にも……

♡ 望みどおりの車を手に入れ、頑固で困っていたご主人が別人のように変わってくれた人

♡生きる希望がまったくなく、絶望していたのに、希望を持てるようになり、金運を願ったら、30年間、完全に忘れていた10万円金貨5枚と、記念硬貨が突然、ザクザク出て来たNさん

♡「小びんワーク」をしたら、当初の半額以下で理想のステキなリフォームができ、ほしいものがすぐ手に入りすべてが半額以下になってしまった人

♡念願のモデル事務所に合格し仕事をもらえた人

♡本の出版が決定した人

♡ディズニーランドチケットや手に入らないようなライブチケットなどが、どんどん当たるようになった人

などなど、他にも小さな願望実現まで数えたら、キリがないほどです。

うれしい奇跡は誰にでも起こるもの

今の私でいえば、求めていた人生の真理を手に入れ、求めていた生き方ができるようになったこと。その喜びの力で願いを奇跡のように叶えられるようになったこと。自宅と賃貸物件を手に入れ『不労所得』を得られたこと。リラクゼーションの自宅サロンを持てたこと。願っていた場所に別のお店を持てたこと。ライフワークとなる小びんワークを思いつけたこと。セッションやセミナーを開催できたこと。雑誌に掲載されたこと。

また、童話が書けるようになったこと。この本の出版の話もいただき、文章も書けるようになったこと。実は、童話も本も書きたいという気持ちはあったのですが、まったく書けなかったのです。でも、願っていたら、ある日突然、書けるようになりました。

なぜ、書けるようになったのかと聞かれてもわかりません。突然、書けるレベルになったというしかありません。ないと思っていた才能や能力、アイデアさえ、喜びながら願えば、いくらでも湧き出て来るものなのです。そうなると可能性は無限大じゃないですか。こんなうれしいことはないですね。

でも、普通では信じられないような、こんな出来事も、「引き寄せの本」の多くの著者さんが、普通に体験されている、よくあることなのです。ここで、引き寄せ本『ほしいものが次々と手に入る「引き寄せノート」の作り方』（大和出版刊）の著者、**水谷友紀子**さんのステキな引き寄せ体験もご紹介しておきましょう。

水谷さんは、ＯＬをされていたとき、「アメリカのミズーリ大学に入学して、ジャーナリズムを勉強したい」という夢を持っていました。そんなとき出合ったのが「引き寄せの本」で、望みをノートに書くというものでした。そして、どうしても叶えたい三つのことを書き出しなさいとあったので、

1．ミズーリ大学のジャーナリズム学部に入る（来年の8月末まで）
2．１００万円を手に入れる（留学に必要。来年の7月まで）
3．パートナーと出会う（今年のクリスマスイブまで）

の三つに決め、書き出したそうです。そして、リラックスして、夢が達成したとき

のことをイメージしていたそうです。ところが、イメージしてから一週間ほど後、当時水谷さんが一目ぼれしたアメリカ人と、なぜかいっしょに仕事をすることになりました。すると、「初めて会ったときからあなたに片思いをしてました」と告白され、すぐに恋人同士になり、願いどおりその年のクリスマスイブをいっしょに過ごしました。さらには、彼と付き合っていく中で実は、彼は、水谷さんが行きたいと思っているミズーリ大学の卒業生だったことがわかります。

また、それだけではありません。彼のアメリカの実家はミズーリ大学から10分ほどの所にあり、彼のお父さんはミズーリ大学の職員なのだということもわかりました。水谷さんと彼は運命を感じ、結婚をしたのですが、なんと、当時、あまり余裕のなかった水谷さんのお父さんから思いがけず１００万円の結婚祝金をもらって、留学に必要なお金もできました。そして、水谷さんはミズーリ大学についに足を踏み入れ、すべての願いが奇跡のように叶ったそうです。とても信じられないようなミラクルで、ハッピーなお話です（一度に三つ願うと、三ついっぺんに叶うということがやっぱり、ここでも起こっています）。これくらいステキな奇跡、どんどん起こしていきたいですね。

私も、まだまだやりたいことはいっぱいあります。そしてそれが、「こんな自分だから……不可能だ」というわけでは決してないことを、良く知っています。もし、ほんとうに願えばできるはずだ、という自信と楽しい希望に燃えているのです。それがなぜなのか、とっておきのステキなお話、これからしていきますね。

第4章

顕在意識と潜在意識の魔法

すべての力は全部、自分の中にある幸せ

なぜ、思っただけ、願っただけで、何もしないのにこのように思いどおりのことが起こるのでしょう？　物事を引き寄せることができる私たちの心、意識とはいったい何なのでしょう？

私たちの心、意識には『**顕在意識**』と『**潜在意識**』があることをご存じですよね。普段、自分が「今日は、何しようかな？」「どこに行こうかな？」と、思っていることが自分でわかる意識のことを『**顕在意識**』と言います。一方、『**潜在意識**』とは、自分では自覚できない意識のことです。例えば手足は意識して動かせますが、心臓を動かそうとか、肝臓を働かそうとか、細胞や臓器を、自覚できる意志で動かしていませんよね。

このように『**潜在**意識』をわかりやすい例えでいったら、体でいう内臓や、それを構成している60兆個の細胞の一つ一つを同時に一度に働かせて、私たちを生存させているような自覚できない、無意識の意識の力のようなものといえばいいでしょうか。この世は、見えるもの、目に見えないもの、すべてがエネルギーでできています。なので、『**顕在**意識』、『**潜在**意識』という、私たちの意識もまたエネルギーです。

そして何より重要になって来るのは、そのエネルギーが私たちの中にあり、「潜在意識の奥深くには、無限の知恵と無限の力、その他の必要なあらゆるものが、無尽蔵に眠っていて、表に表れ、力を発揮するときを待っている。（『潜在意識をとことん使いこなす』C・ジェームス・ジェンセン著　大沢章子訳　サンマーク出版刊より）」ということなのです。

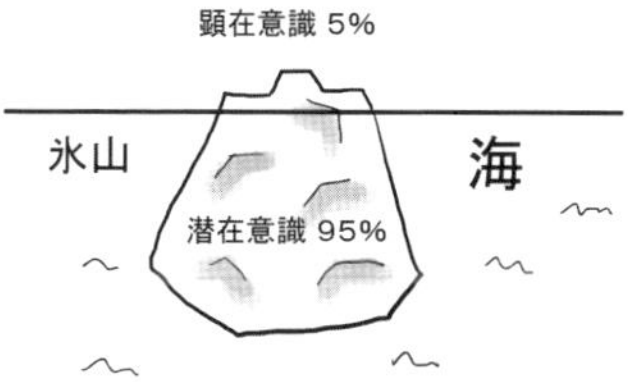

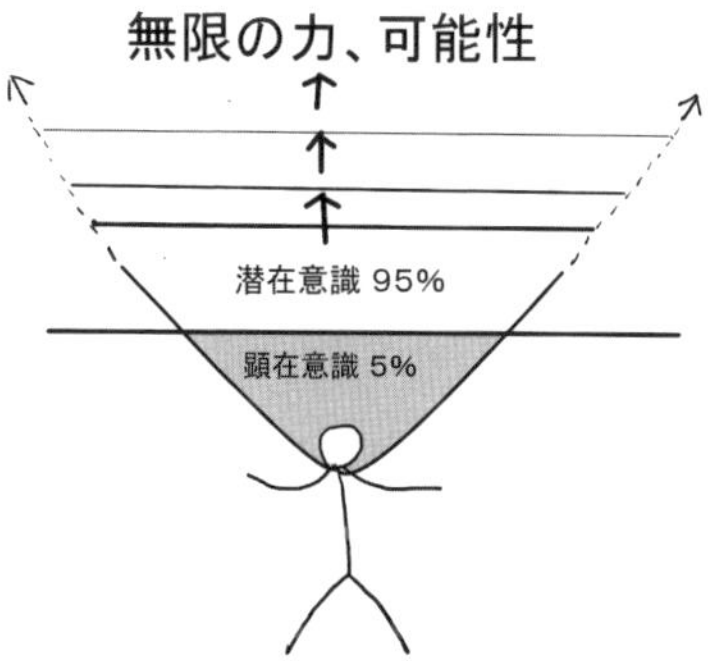

この素晴らしい力である『**潜在**意識』の世界をもっと詳しく説明すると、さらに奥深い所には、より高い『**超**意識』、そして、そのさらに奥には『**宇宙**意識』という、よりレベルの高い無限の力、無限の知識、無限の可能性という無限の供給源、貯蔵庫であるエネルギー源があって、尽きることがないのだそうです。私たちの意識、思いをわずかに発信するだけで、同じエネルギーは引き寄せ合うという法則から、そこから同じ意味を成す強力なエネルギーを引き寄せることができるのです。つまり、何が素晴らしいといって、**引き寄せて実現する〝発信〟の意識も、引き寄せる〝無限の力、無限の可能性のエネルギー世界〟もすべて自分の意識の中にある**ということです。

見えないからって、何もないわけじゃない

私たちの心、『**顕在**意識』と『**潜在**意識』が物事を引き寄せ、この現実を創っている

様子を例えるなら、それはまるで、私たちがテレビで見たい番組を見ていることと似ています。あなたの目の前にある空間は、何もない空間のように見えます。しかしそこには、見えないけれど、そこここにテレビや携帯、ラジオなどのさまざまな電波があまねく存在し、その中に、ニュースや歌番組、さまざまなコンテンツが含まれていることを知っていますよね。でも、見えない、つかめないものの中から、どうやって、見たい放送局の電波だけをキャッチして自分がテレビ番組を見ているのでしょう？

『ザ・シークレット』（ロンダ・バーン著　山川紘矢・山川亜希子・佐野美代子訳　角川書店刊）にはこのように書いてあります。

「こう考えてください。テレビ局は番組を電波で発信します。そして、それがあなたのテレビに映し出されます。ほとんど誰もが、それがどういう仕組みなのかは知りません。一つ一つのチャンネルの周波数が異なることだけは知っています。その周波数に同調すると、その映像がテレビ画面で見えるのです。あなたは、チャンネルを選ぶことで周波数を選んでいます。そして、そのチャンネルで放送されている番組を見るのです。テレビで他の映像を見たければ、チャンネルを替えて、別の周波数に同調させれば良いだけです。（――中略）

あなたが思考を発信しても、それを受信した映像は居間のテレビでは見られません。それらは、あなたの人生に姿、形となって還元されているのです！　あなたの思いが波動となり、その波動上で周波数の似たものを引き寄せます。そして、それを人生の姿として、あなたが見ることになるのです。あなたが人生で何か変えたいことがあれば、チャンネルを替えれば良いだけです。あなたの考え方を変えて周波数を変えれば良いのです」

目の前の空間と同じように、見えないけれど私たちの思い、意識の奥には、無限の力、無限の可能性の『**潜在**意識』のエネルギー世界が、あまねく存在しています。そして、「私たちの思ってること、感じてること、信じてることはすべて、この『**潜在**意識』の世界に対する、テレビのチャンネルを選択することと同じ〝発信〟となるのです。

見えないから何もないのではありません。そこには膨大なコンテンツが、膨大なエネルギーとして存在しているのです。何をこの現実世界で実現するかは、私たちの心、発信じだい。テレビのリモコンボタンをいつも押して、見たいテレビを気軽に楽しんでるように、この法則を使えば、思いや考え方の周波数を変えて、チャンネルを替え、見たい世界、在りたい世界を見ること、実現することができるのです。

無限の可能性があるのに**『顕在**意識』だけの自分の力だけで願望実現しようとすると、とても時間がかかったり、心や感情の法則を無視するやり方ではボロボロに身をすり減らしても実現することはできないかもしれません。でも、**『潜在**意識』の力にまかせると、「何であの人だけツイてるの？　何であの人だけトントン拍子でうまくいくの？」というようなラッキーなことがいつも起こって、自分の力では到底、叶えられないようなうれしいことも、具体的に何もしなかったとしても、まるで引き寄せたかのように叶って来るのです。偶然のような形で、スルリとラクにハッピーに実現する『引き寄せ』が起こるのが、**『潜在**意識』による願望実現のなせるワザなのです。

〝潜在意識はつながって一つ〟の幸せ

無限の力と無限の可能性を持つ『**潜在意識**』の魔法はこれだけではありません。

『**潜在意識**』には『**顕在意識**』とは、決定的に違う特別な特徴があるのです。

『**顕在意識**』では、もちろん、「私」と「あなた」は分離され別々の存在ですが、『潜在意識』の奥であればあるほど「私」と「あなた」の区別がありません。つながっていて『**宇宙意識**』という一つの意識になると

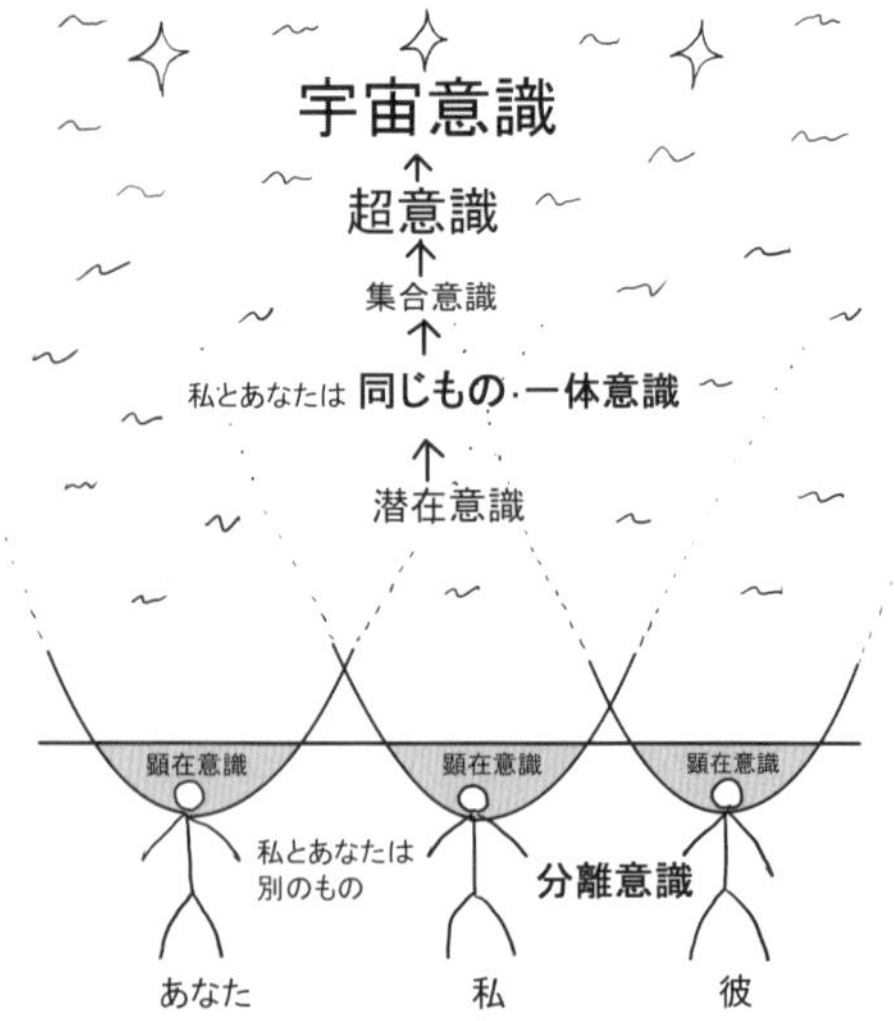

いわれています。

先述したとおり、私は、自宅の隣の物件を何もしないで手に入れたいなと思っただけで、なぜか隣の物件が、いったん建築屋さんのものになりました。でも、そのおかげで、頼みもしないのに、建築屋さんがやらなければならない面倒なことを、専門家の手ですべてをやってくれました。このように、自分は何もしないのに、スルリと願いどおり手に入れることができたのも、私の願いが『**潜在**意識』の奥深い所では、建築屋さんと私は一体で、私の願いは建築屋さんの願いでもあるので、無意識に叶うように動いてくれたのです。（建築屋さんは、『**顕在**意識』では、まったくそう思っていませんが）

また、私の子どもが小学校低学年のころ、こんなおもしろいことがありました。ある日、私の友人がうちに遊びに来てくれることになっていました。約束した時間は午前11時。ところが、友人はなぜか10時に来たのです。あわてました。お茶の用意とかまだ1時間も余裕があったので準備してなかったのです。でも友人は、自分が1時間早くやって来たことにまったく気づいていないのです。しかたがないので、そのことを友人に指摘しないで、近くのレストランに行こうと思いました。でも、子どもにカギをまだ持たせてないので、学校から帰って来たときに家に入れないので出かけられません。

困ったなぁと思っていたちょうどそのとき、びっくりです！　突然、旦那が仕事（お店）から帰って来たのです。こんな時間に帰って来ることはあり得ないことなので聞くと、お店のアルバイトの子が出勤日を間違えて来たので、帰すのはかわいそうだから自分が休もうと思い、帰って来たのだといいます。いったい何だろう、この一連の動きは？　と思いました。考えられないことばかり起こっています。でも、ジャストタイミングで旦那が帰って来たので、子どもが学校から帰って来たとき家にいるよう頼んで、私は友人とレストランに出かけました。

ところが、それから数時間がたって、友人と別れ家に帰ってみると……子どもと旦那が家で何万円もするゲーム機を買って来てセッティングしているではないですか。私は呆然として、怒り心頭です。なぜなら、常日頃、子どもがゲームばかりしているので、ゲーム機を買わないで、ゲームばかりさせないでと何度も、何度も旦那にいっていたからです。自分が家にいたら絶対買わせなかったのに……どうしてこんなことになったのかと悔やまれました。すると、子どもが顔を輝かせて、とってもうれしそうにいったのです。

「ぼくねぇ、今日は朝から、絶対このゲーム機を買おうと決めてたんだぁ！」と。

ああ……決めてた……。それでわかりました。子どものこの願いを叶えるために、今日の一連の出来事があったのだと。私が家にいたら絶対ゲームを買わせないので、友人が約束より1時間も間違えてやって来る。でも、出かけたら、誰もいなくなって子どもが家に入れない。そこで、アルバイトに出勤日を間違えさせて、グッドタイミングで旦那が家に帰って来たことで、私が家にいなくなり、旦那に、欲しかったゲーム機をちゃっかりおねだりして買ってもらったのです。

子どももどうやってゲームを買ってもらえるのか計画していたわけではありません。そして、誰も『顕在意識』で子どもの願いを叶えようと動いているわけではありません。『潜在意識』は、叡智、何でも知っているので、喜んでいる人の目的が達成されるよう多くの人が動かされていたんです。もう、手に入れたの如く喜びの感情で願っている人には子どもといえど勝てませんね。


『潜在意識』の奥では、あなたと私は別々のものではなく、同じもの。私たちはつながって一つなのです。私たちが少しでも願うと世界中のすべての人、宇宙全体に願いは発信され、伝わっています。こんなのがほしいなぁと思っただけで、それを作れる可能性のある人は、なぜか、

次はこんなのを作ろうと思いついて作ってくれるのです。

ただ、それを手に入れるには喜んでいて、高いレベルの心でいることが重要なことなのです。もし、イライラしていたり、気持ちが落ち込んでいたり、腹を立てたりしていたら、それが手に入ってうれしいという高い波動の心と合わないので、例え準備されていてもそれと出合わないのです。

このように考えてみると、どんなイヤな感じに見える人でも、『潜在意識』の奥では、あなたと私は同じもの。自分さえ、心のレベルを上げて喜んでいると、結局、私の願いを叶えてくれるありがたい人、感謝すべき人になってくれるのです。関係のない人なんかいないのです。そう思うと人に対する見方がちょっと変わって来ますよね。

私たちの意識には階層、レベルがある

私たちの心、意識には、階層、レベルがあるといったら驚かれますか？　私たちの心、『**潜在**意識』には、大きく分けて対照的な二極性があってさまざまなレベルがあります。喜びか、喜びでない（＝苦しみ）か、愛か、愛じゃない（＝不安、恐怖）か。前者をプラス、後者をマイナスとして、その『**潜在**意識』はその段階において、いくつもの層が、低いレベルから最高のレベルまであるのです。

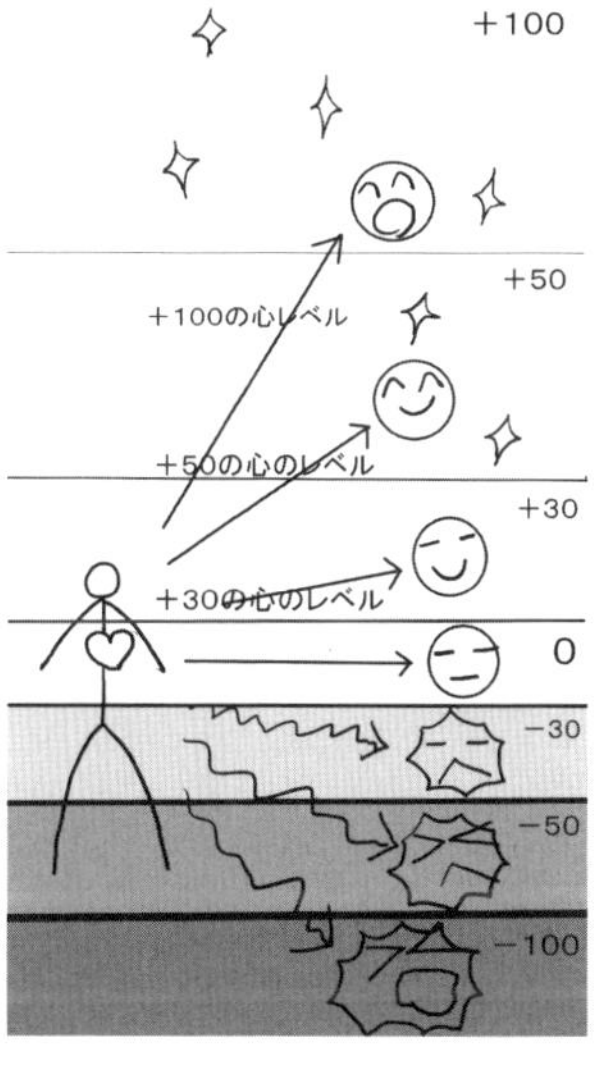

もちろん、私たちの発信する『顕在意識』にもプラスの高い心から、マイナスの低いいくつもの層、発信する心のレベルがあります。**その発信する心のレベルと同じレベルのエネルギーが『潜在意識』世界の奥から引き寄せられて、同じレベルの現実が実現化します。**

自分の心が発信しているレベルの現実を今、実現しているのです。いつも喜んでいると、喜べることが起こって来るのですが、その喜びにもさまざまなレベルがあります。つまり、発信する意識の喜びの感情、愛、学び、成長のレベルを上げれば上げるほど、無限の力と可能性のある『**潜在意識**』から、より高いレベルのエネルギーをいくらでも引き寄せ、実現することができるのです。

『**顕在意識**』の力のみで夢や願いを叶えようとして、他の人と技術や能力を必死で競い、争ったり、優位に立つために立ちまわったり、人を動かそうとしたり、へつらったり、蹴落としたりと、自分の外の世界でやっきになり、ヘトヘトになる必要はありません。自分の望みを実現化し、幸せになる力、知識、豊かさ、必要なもの、その尽きることのないエネルギーは、どこでもない自分の中にすべてであり、そして、どのレベルの現実を実現するか、自分の発信する意識レベルと喜びのレベル次第なのです。

叶わないようにしているのは自分自身

『潜在意識』の奥、レベルの高い部分、『超意識』、『宇宙意識』は愛です。最高の喜びと感謝にあふれていて、知恵の宝庫。あらゆる豊かさであふれ、楽しさとおもしろさであふれています。この『潜在意識』があらゆるもの、思い、意識の中にしみ込み包み込んでいるので、いわば、愛と恵みの光が私たちにサンサンと降り注がれている状態です。

じゃあ、なぜ、それを手に入れること

ができないかというと、答えはカンタンです。自分自身が受け取らない。受け取るのを拒否し、受け取れないようにしているからです。

自分はこうだから。自分にはムリ。できない。そんなラッキーなことは起こらない。そんなバカなことあるはずがない。そんなことが起こるのは、恵まれた特別な人だけ。私はずっとこうだったから。性格的にこうだから。チャレンジしたくない。変わりたくない。行動したくない。宇宙は愛で、あなたの願いを叶えたくてしょうがないのに、与えたくてしょうがないのに。恵みのすべてを降り注いでいるのに。心をつまらせ、思い込みによってブレーキをかけ、ブロックし、入って来ないようにふたをし、マイナス感情からパァ〜ンと跳ね返していたのは、自分自身だったのです。

不安、不信から受け取れない、受け取らなかったのは自分自身。宇宙は不公平でも、裁きや罰や苦しみを与える非情な、無慈悲な存在でもなかったのです。不安と恐怖から人を攻撃し苦しみの世界を創っていたのは自分自身だったのです。受け取ることを自分に許しましょう。幸せになるのを許しましょう。豊かになることを許しましょう。恐れをつかんでいる手をゆるめ、自分を解放していきましょう。そのためには『引き寄せの法則』をしっかりと知ること、マイナス感情に浸り続けその感情を発信し続けなければ、マイナスな出来事はやって来ないことを知ることです。プラスを見つめプラスの感情を発信し、喜べることを引き寄せ、信じられないくらい幸せになっていいんです。

引き寄せの法則を起こすため、プラス思考になりましょうというと、プラス思考になれないと不安がったり、怖がったりする人がいます。どこまでも、マイナス感情をつかんで離せないなら、そんな人こそ見る視点を変えて、まず、喜べること、感謝できることを見つけ、プラスの喜びが貯まった「小びん」を見ることから始めましょう。自分の中に幸福感が徐々に増して来て、自然にプラス思考、ポジティブな感情でいっぱいになっていきますよ。

自分の中の潜在意識の力を信じよう

宇宙、『潜在意識』はいつでも私の願いを叶えようとしてくれていると考えても、それでも、自分にとって大きくて重大な願いであればあるほど、叶わないんじゃないかと、どうしても不安を覚えるときもあるかもしれません。そして、ついつい、どうしたら叶うのだろうかと思い悩んでしまうのです。

確かに、願いを叶えるには、『顕在意識』によって自分で行動して、努力して叶えなければならない場合もありますよね。一行も書かないのに本は書けませんし、まったく、練習もしないのに、オリンピックでメダルを取ることもできないでしょう。どう行動したらいいのかと思い悩むのはムリもないことです。でも、『顕在意識』、自分の力で、一生懸命頑張っても、限界があります。

自分で意識できる自分の力のみで何とかしようとするから、努力が足りないんじゃないか、こんな自分ではムリだとか、才能や能力がないから叶わないとか、不安や恐怖が出てきて苦しいのです。そして、不安な気持ちを発信してしまい、不安どおりの現実を実現してしまうのです。

「叶えたい、どうしたらいいんだろう」は一種のワナといえます。「叶えたい、どうしたらいいんだろう」という思いの発信は願っているようで、願いが叶う願い方になっていません。「叶えたい、どうしたらいいんだろう」という願いの叶わない状態、現実を延々と創り続けてしまうからです。私もだいぶ、このワナにひっかかってしまっていたように思います。みなさんは、大丈夫ですか？

「叶える方法を『顕在意識』で思い悩む」、これが、願いの叶わない願い方③です。（願いの叶わない願い方①と②は、第2章の「さぁ、小びんワークを始めてみよう」に示した①「マイナス感情、マイナス行動のまま願う」と②「マイナスに決めてから願う」です）

「どうしたらいいんだろう」は少しだけなら、考えても大丈夫です。そのために自分で最低限やらなくちゃいけないことが、わかる場合もあるからです。でも、その後は、**「どうしたら**

いいんだろう」は、自分の中の『潜在意識』に聞いてください。

『潜在意識』は一度尋ねたことは、あなたが忘れたとしても、寝ている間でも、不眠、不休で、宇宙の全叡智を使って答えを探し出します。そして、直感とか、ひらめき、思いつき、サイン、誰かの語る言葉、本、広告の文字などを使って、答えてくれるのです。新しいビジネスのアイデア、仕事や企画のアイデア、デザイン、絵画、小説、映画、ドラマのアイデア、新商品のアイデアなどのひらめきは『潜在意識』の最も素晴らしい働きの一つです。だから、ビジネスや会社の業績アップ、お金儲けは意外とカンタンなのかもしれません。でも、そのためには、**「叶えたい、どうしたらいいんだろう」を考え続けるのではなく、すでに自分の願いが叶ったとし、それを感じ、イメージし、想像し、うれしい気持ちで、叶った〝喜び〟や〝幸福感〟を先取り体験することが一番なのです。叶ったときと同じ〝喜び〟と〝幸福感〟に満ちた感情を、後で、ではなく今、感じ体験する。それこそが、『潜在意識』に正しくインプットするということです。**

あなたの中のこの『潜在意識』の愛と力を、もっと信頼し信じてください。**自分を信じるとは、自分の中の『潜在意識』の力を信じるということです。**任せるとは、叶ったと想像し緊張をゆるめ、安心し、心をオープンにし能天気に喜んでいることです。(大

丈夫。マイナスも、リスクもちゃんと見えていて、対処することができるのですから）
願望実現には、無限の力、無限の可能性の『潜在意識』の力を信じて、任せるという、とっておきのラクで、早くて、安心して、奇跡のように願いを叶える方法があるのです。
（でも、難しいことは全部忘れても大丈夫です。「小びんワーク」は遊んでいるのに、『潜在意識』がしっかり働くようにできています）

自分を信じましょうといわれますが、ダメな弱い自分は信じられなくてもいいんです。自分の中の『潜在意識』の力と波動による『引き寄せの法則』を信じましょう。ダメな自分は信じられないが、自分の中の『潜在意識』の偉大で強力な力と働きに任せれば叶えることができる。これこそが、私のほんとうに願えば、叶えられるはず！　という自信であり希望なのです。

第5章

もっとパワーアップ小びんワーク

～小びんワーク　セカンドステップ～

「基本的幸せカード」を小びんに入れ、『幸せになる比較』をする

小びんワークのファーストステップでは、喜べることや感謝できること、自分が実践したプラスの行動を紙に書いて、小びんの中に願いの叶うプラスのエネルギーとして、貯めました。〝喜び〟に注目し、いつも喜んでいる生き方を体験されたことでしょう。

セカンドステップでは、その〝喜び〟の中で、この幸せがあればどんなことがあっても絶対幸せだと思える、あなたの最も大事な**「基本的幸せ」を3個決め、**違う色のカードに書き小びんの中に入れます。これが

「基本的幸せカード」です。（例えば、私の**「基本的幸せ」**は、1、ガンの末期で激痛に苦しんでいない（今現在）。2、目が見えて、家族が健康で安全。3、経済が回っていて貧窮していない。ということです。）

そして、イヤなことがあったとき、問題が起きたとき、イライラすることや腹の立つことが起こったとき、この小びんの中に入れた「基本的幸せ」と今起きたマイナス、どっちが大きいのか比較しましょう。この**『幸せになる比較』**をしてみると、**「基本的幸せ」**の方がはるかに大きいことがわかります。起きたマイナスはそれに比べて、小さなことだと感じられ、マイナス感情に陥っていくことを防ぐことができるのです。この小びんワークによって、どんなことがあっても、**今、この瞬間が最高に幸せなんだと思え、〝今を最高に生きる〟ということが誰でもカンタンにできるようになります。**

でも、これは、その悪いことに比べて幸せなのだから、今を我慢しなさいというような消極的で、後ろ向きなものでは決してありません。また、あの人に比べて自分の方が幸せなのだから、我慢しようという優劣を競うものでもありません。心の法則、『引き寄せの法則』を知っているからこそ、〝喜ぶ〟ことによって、もっと願いを叶え、幸せになっていくための、成長的、発展的、積極的な法則に則った方法なのです。

試してみればわかります。**「基本的幸せ」**を思い出すだけで、瞬時に〝喜び〟と〝幸福感〟に包まれます。例えば、誰かに何かヒドイことをされたり、いわれたとします。でも、すぐ、その悪いことと**「基本的幸せ」**を比べてみるのです。

私の例だと、ヒドイことをされ、いわれたとしても、今、ガンの末期で激痛に苦しんでいるわけじゃありません（1）。目も見えて働けるのです（2）。経済も回っています（3）。比べてみると、こんな幸せはありません。今、起こっている悪いことは小さなこと。今が最高に幸せなんだと、心から思えます。

心が〝喜び〟と〝幸福感〟に変わると、〝喜び〟と〝幸福感〟を感じられる現実、出来事が起こって来ます。これまでは自分と他の人とを比べて、なんて自分は劣っているのだろうかとか、『不幸になる比較』をして来ましたよね。人と比べる『不幸になる比較』をしなければ、誰でも皆、いつでも幸せでいられるのです。幸せになるために人と比べないと決めましょう。そして、小びんの中に入れた「基本的幸せ」やいいことと、小びんの外にある悪いことを自分の中で比較する、**『幸せになる比較』**をしていくのです。

また、なんとなく落ち込んだときも**「基本的幸せ」**を思い出してみてください。今が、最高に幸せだという発信ができれば、今が、最高に幸せだという出来事が引き寄せられて来るのです。こんなカンタンなことで、今を大切に、最高に生きることができるようになるのは、ほんとうに魔法の魔法。最高の魔法なのです。

天使、妖精、賢者になって飛び跳ねよう

小びんワークのセカンドステップでは、そのほかに**天使のお仕事ワーク、妖精のお仕事ワーク、賢者のお仕事ワーク**というのがあります。これは、ワークをより楽しく、より解放感を持って実践するために、天使、妖精、賢者になったつもりで行うイメージワークです。

いいことが起こらない、願いがなかなか叶わないという人の中には、いつも、不平不満で険悪な態度をとるような人もいますが、それ以外でよく感じるのは、とてもまじめな人。しっかりしなきゃと思って、そつがないよう頑張っている人です。事務的なことが得意で、左脳派の人。常に現実的に生き、感情の起伏が少なく、遊び心の少ない人。

こういった人に多いのです。

実は『潜在意識』の力を使って、願いを叶えたり、奇跡を起こしたりするには、ちょっと、抜けたような、ゆるい人の方が有利です。ちょっとアホな感じ、信じられないことも叶うと能天気に喜べる人の方が叶えやすいのです。現実世界の中で、自分がいっしょうけんめい努力するというのは、見えない世界や『潜在意識』の世界とその力を信じていなくて、恐れや不安から、人生は厳しいのだから、しっかりしていこう。どこにどんな危機やリスクが潜んでいるかもしれないから、しっかりしよう。また、人がどう見るかを基準にすべてを考え、気にする生き方が身についてしまっている人です。自分を甘やかしたり、楽しませたり、自分が贅沢したりするのは罪だというように感じてしまう人。責任感の強い長男、長女の人には多いですよね。

でも、願いが叶ってうれしいときはそんな気持ちや状態ではありませんよね。「信じられない。うれしい～！」と、現実には起こり得ないようなことを起こったとして喜ぶ気持ちが今、大事なのです。真面目な人ほど、それを無防備に喜ぼうとしても難しいのかもしれません。ちょっと、バカな、アホな感じ、能天気で、いい加減な、自分にゆるゆるな、遊び心のある、お調子者で、人の目など気にならない人の方が、願いが叶ったときの気持ちに近いのです。願いが叶ったときは、叶ったので緊張を解き、無防備に手放しで喜び、安心しきっているのです。

このポジティブな感情の効用は心理学だけではなく、脳科学の分野でも、同じようなことがいわれています。**脳科学者の茂木健一郎**さんが訳された『「脳にいいこと」だけをやりなさい！』（マーシー・シャイモフ著　茂木健一郎訳　三笠書房刊）の冒頭、訳者のことばとして、茂木さんがおっしゃるには、私たちの脳には『楽観回路』があるそうです。

「――頭の中にはさまざまな『思い込み』が存在し、それによって行動が決定されますが、この『楽観回路』を利用すれば何事にもプラスの行動がとれるようになります。つまり、人間はちょっと『図々しい』くらいがいいのです。『お前は悩みがなさそうでいいな』と人に言われるぐらいが最高なのです。『幸せそう』『楽観的』という状態になって、やっと働く脳の回路があります。これは脳のエンジンのようなもの。それがうまく回っていないと、脳にある他の回路も動いてくれません。とにかく、どんな手を使ってでもいいから『楽観回路』『私は幸せ回路』を働かせることがポイントです。何せ、この回路が元気できちんと機能していれば、人生すべてがうまくいくといっても過言ではないのですから」

生まれて、今まで生きて来て、十分生物として生存するための危機回避は学びました。マイナスが見えていないわけではありません。でも、そのままで、弱肉強食、競争社会、自己防衛が行き過ぎては幸せにはなれません。これからは、新しい生き方、より幸せに生きるため、願いを叶えるため、成功するために、マイナスは見えていて対処はするが、『引き寄せの法則』に従い「喜び」に注目し、「楽観的」「能天気」に生きていく必要があるのです。小びんワークのセカンドステップでは、真面目でカチコチに力を入れてしまう人も、ゆるめる部分はゆるめられるように構成されているのです。

① 天使のお仕事ワーク

天使のお仕事ワークとは、天使になったつもりで、天使の純白に輝く羽根（翼）をつけたイメージで行います。白いドレスを着てもいいですよ。自分の好きな姿の天使をイメージして行ってください。

天使の羽根を付け、天使になったつもりで、小びんワークのファーストステップの喜べること、良かったこと、感謝できることを見つけ、紙に書いて小びんに貯めていきます。そして、ここでは天使なのですから特に、人のためにした小さな親切、善行、徳を積むことなどの愛あるプラスの行動をします。また、天使は真面目ですから、生活の中のやるべきこと、やるべき仕事などを実践して紙に書き、願いの叶うプラスのエネルギーとして小びんの中に貯めて願います。

【例】

電車で席を譲った。明るく挨拶をした。人の話を聞いてあげた。仕事を手伝ってあげた。困っている人を助けてあげた。協力してあげた。相手の立場になって考えた。励ましてあげた。いいところを褒めてあげた。許した。人の成功を賞賛、祝福した。公共トイレをきれいにした。落とし物や忘れ物を届けてあげた。寄付した。道を聞かれ教えてあげた。やるべき仕事を済ませた。遅刻をしなかった。部屋の掃除をした。断捨離して、物を捨てた。食器を洗った。洗濯した。買い物に行った。お料理した。お風呂に入った。身だしなみを整えた……など。

「情けは人のためならず」といいます。この言葉の意味を知っていますか。人に親切にしたら、甘やかすみたいで人のためにならないので良くないという意味ではありません。人に親切にするのは、人のためではなく、めぐりめぐって自分に良いこととしてやって来るから、自分のためだよ、ということです。これは、これまでいってきた引き寄せの法則と同じですよね。徳を積むのもプラスの行動エネルギーを貯める小びんワークです。昔の人は、人生体験の中からこの法則をよく知っていたのです。人に親切にしたり、自分がプラスの小さな行動や善行をして、喜べない人はいませんよね。

ただ、注意事項として、親切にした相手から、必ずしも何かいいことが返ってくるというわけではありません。もし、親切にした相手が返してくれなくても、めぐり、めぐって、他の人や幸運な出来事としてやって来るということです。人に悪いことをしたときも同じです。人に悪いことをした、その相手が必ずしも復讐をして来るというわけではありません。そのときも、めぐりめぐって人生に必ず報いがやって来て、願いが叶わなかったり、悪いことや不運、不幸としてやって来るのです。すべては、自分に付随するエネルギーなので、なくなったりはしないのです。

②妖精のお仕事ワーク

妖精のお仕事ワークとは、妖精になったつもりで、妖精の透き通るような金色に輝く

羽根をつけた（女性はティンカーベル、男性はピーターパンのような）イメージで行います。自分の好きな姿のかわいい妖精をイメージしてくださいね。

妖精のお仕事は、主に遊ぶことです。自分を楽しませたり、喜ばしたり。幸せを感じたり、自分を愛し、好きになり、許し、認め、解放させ、リラックスさせ、自由になって飛び回らせることです。自分が自分を幸せにするプラスの行動をして、紙に書き小びんの中に入れ、願い事が叶うように願います。「小びんワーク」で一番重要なお仕事は、自分を楽しませるこの妖精のお仕事ワークなのです。

【例】

ステキなバッグや服を買って楽しんだ。おいしいイタリアンやフレンチを食べて楽しんだ。ネイルやおしゃれをして楽しんだ。リッチ体験をしてストレスを解消した。温泉やレジャーに行ってのんびり楽しんだ。マッサージやエステを受けてリラックスした。自分にご褒美をあげた。アロマをたいたり、音楽を聴いたりして気分を変えた。お風呂や温泉に入って、リラックスした。ゲームやカラオケをして、ハイテンションになった。趣味に没頭した。楽しい「喜び風水」をしてステキな部屋にした。自分を許した。自分を褒めた。自分を認めた。自分を解放した……

など。

妖精のワークにはその他にもユニークなワークがいっぱいあるので紹介します。気になったワークがあったら、ぜひ、実践してみてください。

❶「おもしろい、楽しい、うれしい」といってみるワーク

色々な色が見えるのがおもしろい、楽しい、うれしいといってみる。電車に乗っておもしろい、楽しい、うれしいといってみる。買い物しても、何をしてもおもしろい、楽しい、うれしいといってみる。ほんとうは色々なことをおもしろがっている自分を、意識するために言葉に出すワークをします。

❷妖精的プラス思考をするワーク

普通のプラス思考や、プラスではなくても、少しでも落ち込まない力の出る、やる気の出る考え方をする、妖精的プラス思考をするということ。例えば、できなかったこと、怠けたこともその方が良かったのだと自分を許し、OK、と許可を出す。

❸妖精になって、願いが叶った踊りをする

一人カラオケで歌い、踊りまくったり、叶ったことを祝い、喜ぶ「叶った踊り」

をしてハイになる。あるいは、アファメーション（宣言。P64参照）しながら「願いが叶った踊り」をする。「自分褒めまくり踊り」や「自分認めまくり踊り」「達成したエラい踊り」をする。

これは、結構、恥ずかしいですよ。恥ずかしいけど楽しいです。ハイになれる。だから、一人のときにしてくださいね。でも、この叶った踊り、やってみると、そのことが叶うとも叶わないとも思ってないような軽〜い気持ちで、楽しく喜びながら願うという最高の願い方がカンタンにできてしまうという超、優れものなのです。

その他、

❹願いが叶ったときの準備や、心配をする
❺願が叶った先取りプレゼントを自分にする
❻願いが叶った先取りお祝いお食事会をする

なども、ぜひ試してみてください。

③賢者のお仕事ワーク

賢者のお仕事ワークとは、賢者になったつもりで、賢者の白い杖をもったイメージで行います。自分の好みの賢者をイメージして。

賢者のお仕事ワークでは、賢者ですから主に頭を使うお仕事です。学び、成長のためのプラスの行動をして、小びんに貯め、願い事が叶うよう願います。それは、やはり、私たちの心、意識（**『顕在意識』『潜在意識』**）にはレベルがあって、そのレベルに合った同じレベルの出来事が起こってくるからです。ここでは、考え方や心のレベルを上げるワークを遊びながら楽しみながらやっていきます。

【例】

自分のマイナス思考に気づいた。マイナス思考をプラス思考に変えた。見方を変えた。気分、感情を変えた。自分や人の良いところを見つけた。自分が○○であることに気づいた。○○を学んだ。○○を勉強した。反省した。○○がわかった。○○をする努力した。○○にチャレジしてみた。勇気を出してやってみた。目標を決めた。○○の本を読んだ。○○を感じた。セミナーやワークショップに参加した。プランを立てた。自分の夢や願いにまつわるイメージ写真や絵、言葉をボードやノートに貼る「ビジョンマップ」や「夢のスクラップ」をつくった。学ぶための行動をした。瞑想した。ヨガを習った。体操や運動をした。寺社めぐりをしたなど。

自分のレベルはわからない？

私たちは自分のことがよくわかっていません。傲慢になってしまうか、自分を責めすぎるか、極端などちらかなのです。あの人いいなぁと思う自分の中に、その人と同じようになれる可能性があるから、その人を見て、心がいいなぁと共振しているのです。あこがれるのです。一方で、人に対するマイナス感情に満ちている人も、傲慢さゆえに自分の心のレベルの低さに気づけません。自分の中にそのイヤな人と同じものがあるから、共振して、腹立たしいのです。もし、共通点がなければ、心は揺さぶられられないものです。

私が、知人の女性と電車に乗ったとき、こんなことがありました。知人は、私のためでもあるのか、電車のドアが開くと同時に、空いている席に突進して行きました。すると、同じように席を取ろうとして突進してきた3人のおばさんに席を取られてしまいました。知人は電車の中にもかかわらず、「この、ババァ！」と喚《わめ》き、あんな人間は許せない。自分はあんな人間じゃないというのです。さらに、「なぜ、あなたも（私のこと）走って席を取らないのか」と責めて来ました。

でも、私は、普段、何も人にいいことをしてないので、電車は席が空いていても誰かが座れるように、自分は座らないで立っていることにしているのです。彼女の奪い取って座るという考えがわからないのです。彼女も、空いた席を取りに行かない私のことが理解できません。おばさんたちに自分はあんな人間じゃないと腹を立てても、私から見れば、空いた席を奪いに行く同じレベルの人なのです。また、この話を聞いて、電車で移動するってこんな感じなのかしらと、リムジンでしか移動したことのないレベルの人は思うかもしれません。

また、以前、私の同僚がある人のことを、「あの人は、ほんとにプライドが高くて、傲慢で、我慢ならないイヤな人だ」と怒りに満ちていったことがあります。でも、私が知る中で、そういわれた人より、はるかにプライドが高く、傲慢だと思われているのは……、そういった彼女の方なのです（私も自分のことは棚に上げて話していますが）。

自分のことがわからなければ、自分がどんなレベルの感情を発信し、どんなレベルの出来事を人生に引き寄せているかわかりませんよね。学べるのは自分に起こって来る現象を通じてのみなのです。願いを叶えるための、気づき、学び、成長は誰にとっても大事なことです。

最強、自分褒め、認めまくりワーク

逆に、自分を責めすぎる人の場合はどうでしょうか？　天使のお仕事ワーク、妖精のお仕事ワーク、賢者のお仕事ワークの効果を強め、自分を責めすぎて力を無くしてしまう人のための、パワーアップ小びんワークがあります。

それぞれのお仕事ワークをして、紙にその実践した内容を書きます。そして、その紙の裏に、実践した私は、「えらい、えらい」「スゴい、スゴい」「素晴らしい、素晴らしい」「行動したから、絶対叶う」「変わった、成功した」と書きます。自分を褒め、認め、小びんの中に貯めて、願い事を願うという最強のパワーアップ方法があるのです。

結局、行動力を失わせる最悪の原因は、自己肯定感の低さにあります。常に、私たちは、不安、恐れから、自分を責めてしまいます。今まで、どれだけ自分を責め、批判し、おとしめて、自ら生きるエネルギーを失って来たことでしょう。油断するとすぐ、私たちはこれをやってしまいます。ダメな自分がやる気を失わせ、行動する力を失わせるのです。私たちは無意識に、ダメな自分を責めるアファメーションを、自分に向けてし続けています。これを何とかしたいですね。

その解決方法がこまめに小さく行動し、行動できた自分を褒めまくる。認めまくる。これしかありません。自分を常に責め続ける力に打ち勝つよう、常に自分をその何万倍も褒めまくり、認めまくりましょう。

そして、ワークを実践したことが、絶対に願いを叶えるためのエネルギーとなっていることを意識するのです。意識することが大事です。実践したから、絶対願いは叶うという意識が幸運をもたらし、立ち上がる力をもたらすのです。

そして、少しでも、プラス思考したり、プラスの行動をとった自分は、それをする前の自分とは、変わっているのです。もう、目標を達成し、成功しているのです。無意識に持っている「頑張っても何も変わらない」という、しみ込んだマイナス感情を一掃し、「自分は変わった」という意識と交換しましょう。人が動けない、行動できない、チャレンジできないのは、結局、これをやらないからなのです。

また、小さな小さなプラスの行動を実践できたときは、すかさず、「自分はエラい、スゴい、素晴らしい」「達成した、成功した」と、アファメーションするのも、いつでもエネルギーを補給し、高いモチベーションへ持っていけるワザとなります。

自分を褒め、認め続けることで、自分を救い続け、励まし続け、鼓舞し続けていきましょう。

楽しい、うれしい小びんデコワーク

あなたの願いを貼った大切な小びんに、
楽しいうれしい、デコや飾り付けをすることができます。

◎きれいなリボンや布きれを入れる

今まで、あなたが取っておいた、きれいなリボンや布きれを物事と物事の「結び」を意味するリボンの形にして、小びんの中に入れると願望実現力がパワーアップします。

◎小びんの中に色とりどりのビー玉やパワーストーンを入れる

黄色は金運。赤や青は仕事運。ピンクは人間関係と恋愛運。運気を持つ色と、ビー玉のぶつかるかわいい音が、五感の中の視覚、聴覚も使って運気を上げてくれるでしょう。幸運を呼び

寄せる鈴やベルもいいですね。

◎かわいい人形などを使って飾りつける

かわいい人形などをびんのふたに飾ったり、中に入れたりしても親しみが増します。

◎レースやスパンコールを飾る

びんの外側にレースやスパンコール、ラインストーンなどの飾りつけをしてもキラキラとステキです。

◎憧れの写真や絵を入れる

びんの中に憧れの写真のカードや絵、心がワクワク躍るもの、温まるものを入れてもいいでしょう。

◎幸運グッズを入れる

びんの中に、マトリョーシカや幸運の馬（ダーラナホース）、世界の幸運グッズを入れて、気分を上げると楽しいですね。

◎手作り幸運グッズのいろいろ

★願いを叶えるラッキースター

　願いが叶ったり、幸運を招くというラッキースター。折り紙や好きな紙で、図のような細長い短冊を作ります。端の方で図のように台形を作って折り、その中に短い方の端を折り入れて一結び。長い方は、結び目の辺に合わせて、自然に曲がる角度でクルクルと五角形に巻いていきます。最後の端の余った部分は折り込んでカットします。五角形の5つの辺のそれぞれ中央を、真ん中が膨らむように、中心に向かって押し込んで星型にします。（ネットに作り方動画がいろいろアップされているので、ご参照くださいね）

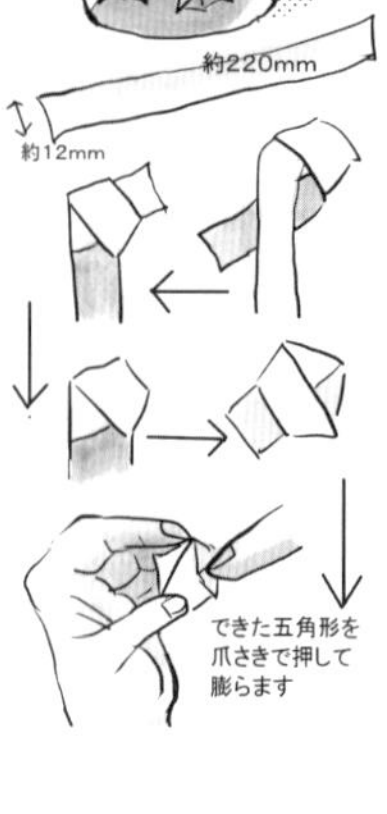
約220mm
約12mm
できた五角形を
爪さきで押して
膨らます

★願いを叶えるレター

小さな長方形の紙に、神様へのお願いや小びんワークした内容をレター風に書くというものです。紙に内容を書いたら、クルクルと巻物にし、麻などの硬めのひもで真ん中をリボン結びにします。

★願いを叶えるプレゼント

紙で小さな四角い箱を作ってラッピングし、リボンをかけます。

★フェルトで作るラッキーグッズ

幸せを運ぶ鳥、四葉のクローバー、てんとう虫など、幸運や幸せをもたらすと伝えられるものを、フェルトをカットして糸でかがり手作りします。小びんの中に入れたり、ふたに飾ったりして、運気を上げます。

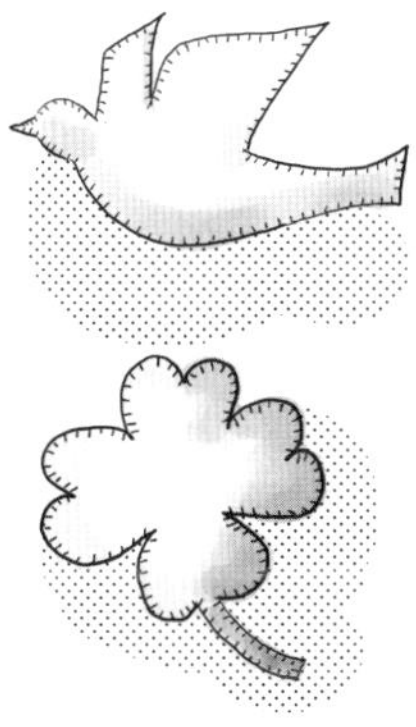

小びんワークへのご質問、その他

・小びんに貯まった紙はどうしたらいいの？

① 白い紙に包んでそのまま捨ててもいいです。

② 洗濯ネットなどに入れて、枕と枕カバーの間に入れたり、抱き枕の中に入れて、いっしょに願い事を願いながら寝るといいでしょう。

③ または、紙に書くときに日付をつけて、いっぱいになったら小びんから出して、日付順にノートに貼って保管し、保存、見直すということもできます。

・願いが叶ったときはどうしたらいいの？

紙に日付と○○という願いが叶いました、ありがとうございますと書いて入れます。願いを叶えることができたという、そのこと自体が、プラスのエネルギーを貯める小びんワークになります。

・叶えたい願いがいくつも出て来たときは、どうしたらいいの？

メインの願いを貼った一つの小びんの中に、他にも出て来た願いも紙に書いて入れてかまいません。何かを願ったこと自体がプラスの「小びんワーク」です。あるいは、メインの願いと等しいほど大切な願いであれば、その願いを貼った別の小びんをいくつでも作ってもいいです。

・小びんワークを行うときの注意事項

金運を願うのはいいですが、株式などの投資やギャンブルなどに使うのは、お勧めできません。心の平安や幸福感を維持するのが難しいからです。願いとは裏腹な結果になりかねません。

第6章

悪いことは
悪いことじゃない

悪いこと、マイナスは「課題」

自分がマイナスの思いや行動をとったとき、マイナスの考えと感情の発信をしているので、マイナスの出来事を自分の人生に引き寄せます。これは、自分が悪い波動を発信したので、悪い波動の出来事が引き寄せられるという、いわば〝自業自得〟のマイナスの引き寄せです。

このマイナスの引き寄せや目の前に引き寄せられた人、出来事を「鏡の法則」として、気づき、反省をし、学んで、プラスの考えと感情を発信することができれば、起こって来た悪いこと、マイナスは、学びであり、自分を成長させるための〝自業自得〟が呼んだ「課題」ということができます。

しかし、**自分が客観的に見ても、マイナスの考えと感情、行動をとっていない、逆に**

プラスの気持ちを持ち、善行を行っているにも関わらず、悪いことやマイナスの出来事が起こって来ることがあります。いっしょうけんめい小びんワークやパワーアップ小びんワークをしていても、起こって来ることがあるのです。前者は自分が悪いのですから、納得がいきます。でも、後者は、『引き寄せの法則』を疑うような現象で納得がいかないでしょう。この点をついて、『引き寄せの法則』は納得がいかないという人もいるし、『引き寄せの法則』という真理があるにもかかわらず、無いが如く見えなくさせている一因でもあります。

でも、この、自分がプラスの気持ちを持ち、善行を行っていても起こって来る悪いこと、マイナスのことには重要な意味があります。もし、あなたがそのとき、ある願いを持っていたら、この悪いことやマイナスの出来事を、甘受し、感謝して乗り越えれば、願いが叶うという、「課題中の課題」としてやって来るのです。だから、逆にチャンスなのです。今持つ願いを叶えるために必要なことで、「**潜在**意識」が引き寄せた〝ピンチはチャンス〟の「課題」といえます。よく、試練などといわれたりもしますね。願いを叶えるために必要で起こって来るうれしい「課題」。悪いこと、マイナスは単に悪いことではありません。

その「課題」となる一見悪いこと、マイナスの出来事はあなたが願いを叶えるために『潜在意識』世界からやって来るので、「どうして、こんな悪いことが起こるのかしら？」と、いくら考えても『顕在意識』のあなたにはわからないのです。でも、全知全能、叡智のかたまりである『潜在意識』世界から引き寄せられて来たものなので、あわてず、『潜在意識』を信頼し、甘受し、そこから学び、感謝し、乗り越えましょう。そうすれば、必ずあなたは恵みを受け取るはずです。ある意味、善行を積むよりも、願望実現には効果が大きいでしょう。良い思いを持ち、良い行動をしているときにやって来る、悪いことやマイナスの出来事の「課題」や「清算」の方が重要であるといえるのです。

もう一つの法則、『レベルの法則』がある

悪いことを課題として甘受したり、そこから学び、成長すれば、どうして願いが叶っていくのでしょうか？　私は願望実現や『引き寄せの法則』と、私たちの学びや成長は

切っても切れない関係にあると思っています。自分や多くの人を観察していてそう思うのです。なぜなら、そこに、『引き寄せの法則』の他に、もう一つの法則、『レベルの法則』があるからです。

私たちの意識**『顕在意識』『潜在意識』**にはレベルがありましたよね。自己中心でわがまま、人の欠点をつき常に争い攻撃してくる人。恨んだり、呪ったり、怒ったり、嫌ったり、仕返ししたりする人。不平不満、文句や愚痴ばかりいう人。むやみに人を疑い、信頼しない人。自分の利益のために、騙したり、ウソをいったり、利用（最終的に殺人）する人。このような心のレベルの人は、そのレベルにふさわしい出来事が起こります。そのような同じレベルの人が集まってできる場所、環境、世界にいるのです。このマイナスのレベルが低ければ低いほど、良き願いは叶っていきません。自分の心のレベルと同じレベルのことが起こる。**これが、『レベルの法則』**①です。

でも、どんな人の中にもより幸せになりたいという本質的な願いが眠っているので、自分の心や意識をよりレベルアップさせて、よりレベルアップした幸せを手に入れたいのです。そのために、どうしてこんなことが起こったのだろうと、何らかの気づきや反省、学びがあると、自分の感情や心のレベルをよりプラスの高いレベルにレベルアップしていけるのです。感情や心を**1ミリ**でも、愛や豊かさ、喜び、叡智の方にレベルアップさせればさせるほど、願望実現、『引き寄せの法則』のパワーは強くなり、よりレベルアップした願いが叶っていきます。自分の心のレベルを上げると、よりレベルアップした願いが叶うので、必要であれば、心をレベルアップできる課題がやって来る。これが、**『レベルの法則』**②なのです。

なので、マイナスを発信していなくても、レベルアップできる、気づきや学びを得られるチャンスである出来事を自分で無意識に求め、必要としているので引き寄せられて来るのです。

願いを叶え、より幸せになっていくためには、〝喜び〟や〝幸福感〟という感情を持つことと、自分の心や意識のレベルアップをすること、この二つが必要不可欠なのです。

このレベルの法則が働くので、願望実現、願いを叶えることと気づくこと、反省すること、学ぶこと、成長することは切っても切れない表裏一体の関係にあるのです。

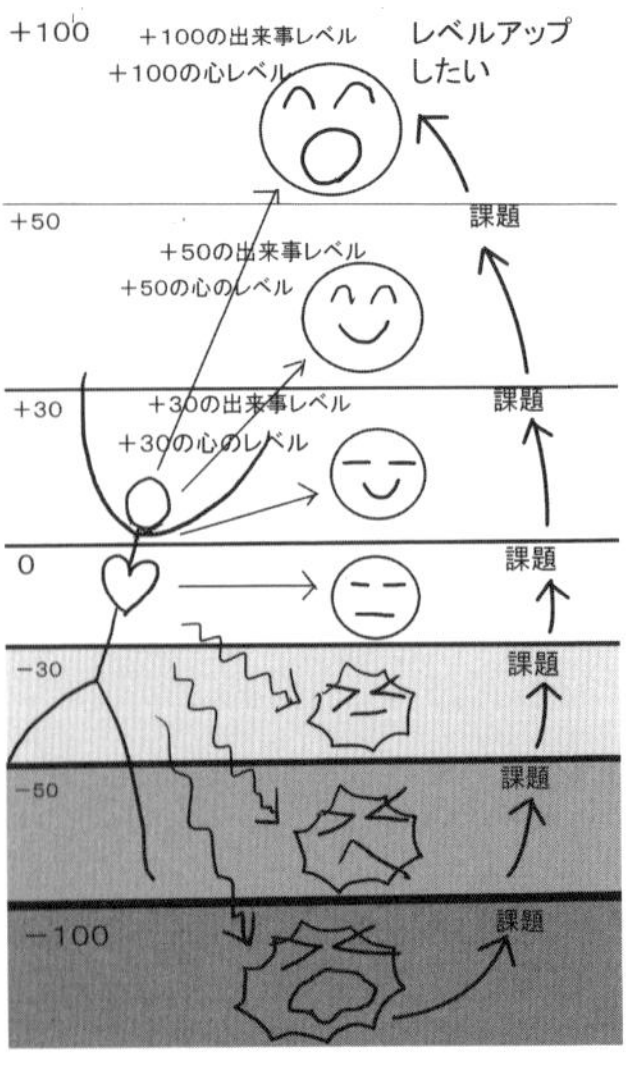

日常生活が一番大事

願いを叶えるには、日常生活が一番大事です。自分が気づいていなくても、自分のマイナス的なものは、日常生活の「鏡の法則」としてやって来ます。悪いことやイヤなことがあったら、自分に原因がないか、自分の中に同じものがないか、振り返ってみましょう。これはなかなか難しいですよ。

自分が正しく、相手に非があるように思えるときには特にそうです。イラ立つし、腹が立って来るし、非難したくなるものです。そんなことをしていない自分にも非がないか、などと思えるものではありません。だから、日常生活は、修行のようなものです。山に一人こもってはできない修行をするようなものなのです。

ちょうど今、マックでこの原稿を書いているのですが、隣でずっと、大きな声で電話をかけている女の人がいます。その話の内容を長々と聞かされ止む気配がありません。何でこんなことで、本書きの邪魔をされなきゃいけないのか。人の迷惑なんて考えてもいないいんだね。おだやかに電話をやめるようお願いしてもわかる人じゃなくて、逆ギレして来る人なら、話した結果、不快感が百倍になるかもしれないし。どうすべきか？でも、自分だって気がつかず、迷惑かけていることもあるのだからと反省しながら書いています。

自分が迷惑をかけているとき、わからないから迷惑をかけているのです。それに気がつくには迷惑をかけられて、初めて迷惑をかけられた人の気持ちがわかるのです。だから、迷惑をかけられたら、迷惑をかけた人ではなく、かけられた自分が反省するのです。ちょっと待ってください。それはないでしょう、という声が聞こえて来そうですね。今までの常識とは違いますよ。でも、この方法が自分が一番、腹が立ったりしてマイナス感情に陥らない、幸運を呼び寄せる方法なのです。

あなたの願いを叶えるために必要なこと、レベルアップのチャンスは、探し回らなくても、すべて、日常生活の中にやって来るのです。そんな日常生活の中のイヤなことと、あなたが願っていることは関係ないように見えますが、大いに関係あるのです。イヤなことや悪いことが起こった……と、心のレベルを落としているだけでは損なのです。

感謝は幸せの万能薬　～感謝逆転法～

感謝はどんなときでも、幸せの万能薬です。感謝できることを見つけると、あなたは特別ないいことがなくても、そのままで、今すぐ、幸せな人になれて、その内なる〝幸福感〟によって、幸せを引き寄せられる人になるからです。感謝は成功の万能薬です。あなたは成功するとき、自分の力ではなく、何か大いなるものの力で幸せな成功者になったことを発見し、感謝せずにはいられないからです。喜びの極致は感謝の極致です。その境地と心の波動を合わせることで、喜びの極致、感謝の極致と思えるような出来事を人生に引き寄せることができるのです。

感謝は感謝できることを見つければ、今すぐ、誰でもできます。感謝できることを見つければ見つけるほど、幸せになれて、〝喜び〟と〝幸福感〟に包まれます。感謝できることを見つけ、感謝するのはカンタンで、当たり前のことかもしれません。でも、先ほどお話ししたように、喜べない、一見悪いことやマイナスの出来事も、実は、あなたの気づけないあなたの「課題」だったり、あなたの願いを叶えるために必要な「課題」だったり、「清算」すべきことだったりするのです。だから、いいこと、感謝すべきことでもあるのです。

そこで、その一見悪いことを乗り越える心のレベルというのがあります。

- **第1段階** 許せないと腹を立てるけど、とにかく苦痛を受け、我慢するレベル
- **第2段階** 苦しいけど何か意味のあることとして、甘んじて受ける、甘受するレベル
- **第3段階** 自分のマイナス感情や行動で引き寄せたことではないかと思うレベル（不快感はなくなる）
- **第4段階** 自分のマイナス感情や行動で引き寄せたのだと考え、自分が反省するレベル（一見悪いことを感謝できる）
- **第5段階** 自分のマイナス感情や行動で引き寄せたと考え、反省し、それを感謝することによってレベルが上がる、願いが叶うと考えるレベル（一見悪いことを最高に感謝できる）

そして、このプロセスを短縮、ワープさせて行うのが、悪いことやマイナスの出来事が起こったとき、即、感謝するという**『感謝逆転法』**です。喜べない悪いことやマイナスの出来事も**感謝すると逆転していいことになる**からです。悪いことやマイナスの出来事が起こったら、即、「感謝逆転、感謝逆転」とアファメーションしましょう。悪いことやマイナスの出来事が逆転して、かえっていいことになることを早めます。そして、すべてに感謝していれば、例えあなたが、次から次へと何かを求め続けても、それは、何を得ても満たされない、不平不満や不足から来る欲求ではなく、成長、発展、情熱として求める、プラスの良き欲求となるのです。

落ち込み気分に、「幸せエンジン」のかけ方

日常生活を送っていると、取り立てて大きな悪いことやマイナスのことがなくても、何となく落ち込む日ってありませんか？　私たちの気分は何もしなくても、高いときもあれば低いときもある、波状のバイオリズムというのがあるのです。落ち込んだ気分のとき、何の前触れもなく不安感が襲って来たとき、やる気がしない、動けないというような小さなマイナスを感じるとき、そのままズルズル引きずり、放置してしまうと1日を失ってしまうどころか、数日間を失ってしまうことになりかねません。そして、再び気分を上げていくのには、大きなエネルギーを必要としてしまうものです。

もちろんこんなときは、「小びんワーク」しようという気力もありません。テレビをダラダラ見たり、寝込んだりしても、何も行動していない負債感だけが重く積み重なる

ばかり、自責の念に苛《さいな》まれてしまいます。

そこで、**この問題を解決するために、小さな小さな目標にもならないような目標を立てます。まず、「ありがとうございますを10回いおう」と目標を立て実践し、フィンガーカウントアファメーションするという「幸せエンジン」をかけていくのです。**

フィンガーカウントアファメーションは以前、願い方のところでご説明しましたよね。指を折りながらフィンガーカウントして、「大成功」とか「億万長者」とか、願いを唱えて願う方法です。でも、ここでは、フィンガーカウントアファメーションを、落ち込んだ気分を抜け出すための「幸せエンジン」として使います。「ありがとうございます」を10回フィンガーカウントアファメーションすると「目標」にし、達成できたら、その達成感をじゅうぶん味わい、達成できた自分を褒めます。

そうすると、少し力が湧くのがわかります。でも、もう少し行動する力が必要だったら、**「ありがとうございますを40回いおう」と「目標」を立てて行います。**それでも、足りなかったら、**「ありがとうございますを111回いおう」と「目標」を立て、フィンガーカウント**して唱えます。

どんな小さなことでも「目標」にして達成すると、達成感というとてつもないエネルギーの「場」ができます。達成感はほんとにスゴいです！　達成感は幸福感に勝るとも劣らない、私たちの喜び、自己肯定感、行動力にとって重要なものです。小さなことでも、大きなことでも達成感の喜びは同じ。この喜びを全細胞に伝えて、自分を褒めて全細胞で喜びましょう。（不安感が襲って来たときは、「ありがとうございます」だけではなく、「大丈夫」を10回、40回、111回フィンガーカウントアファメーションしましょう）

「幸せエンジン」のかけ方のコツは、とにかく「ありがとうございます」や「大丈夫」を10回いおうと、いったん「目標」にするということです。目標にしないと達成感はなく、エンジンはかからないので気をつけてくださいね。落ち込んだ気分のとき、不安が襲ってきたとき、いつでも、行動できるようになる「幸せエンジン」を自分にかけ、気分を上げていきましょう。そして、気分が上がって、少し動けるようになったら、ぜひ、お茶椀を洗うとか、お片付けなどの小さな行動をとり、即、「達成した、達成した、えらい、えらい」と自分を褒め、認めて、さらなる「幸せエンジン」をかけていくのです。

「幸せエンジン」達成感ワーク

まったくやる気が出ないレベルではないけれど、もっと、エネルギュシュに、パワフルで、元気でいたいなぁと思うとき、この「幸せエンジン」を日常的に使い、「達成感ワーク」をすることができます。

普段行っている小さなこと（洗面する、朝食をとる、駅まで行く、会社に着く、仕事を片づけるなど）の一つ一つの行動をいったん目標にして、例えば、「目標、駅まで行くこと」といいます。そして、達成したら、「達成！　達成！」と唱え、達成感の喜びを味わい、達成できた自分を褒めます。このように、日常の何気ない小さな行動でも、目標にして連続して達成し、こまめに達成感を味わって自分を褒めていくことで、自己肯定感が増し、いつでもパワフルに生きていけるという「幸せエンジン」のかけ方もあります。

私は、この二つの「幸せエンジン」ワークのおかげで、もう落ち込み続けるということがなくなり、毎日をエネルギッシュに生きられて、とてもハッピーです。いつでも、すぐにパワーがみなぎり、やる気に満ち行動していくことができます。「幸せエンジン」をかけたら、「幸せエンジンをかけた」と紙に書き、「小びんワーク」しましょう。

つまらない、面倒くさい、がなくなる

生きていると、好きではないがやらなくてはいけないことや、嫌いなことでもしなくてはならない場合もあります。もしも、イヤイヤやっているとしたら、気分も晴れないし、イヤイヤやっている感情が、ますます、イヤイヤやらなければならない出来事を引き寄せて来るかもしれません。

そこで、そんなときは全部、願いを叶えるための「小びんワーク」にしてしまいましょう。小さなことでも、苦手なことやイヤなことでも、いったん成就することを「目標」にして達成し、「小びんワーク」をすれば喜びは格別です。こうすると、すべてが自分の願望実現のためにやることになり、つまらない、面倒くさい、意味がないものはなくなり、生活全部が有意義になり、より楽しく過ごすことができます。これが、○○しなきゃいけないということをイヤイヤ義務的に行い、エネルギーを失っていく生活を、同じことをして喜びと力にあふれる日々に変えていく方法です。

第7章

いつでも幸せ、いつでも平安、いつでも希望

あなたは、すでにすべてを持っている

あなたの意識の中の『**潜**在意識』の奥の、レベルの高いところは、愛、喜び、豊かさ、叡智、平安、感謝にあふれ、過去、現在、未来のすべての事象が存在し、可能性のエネルギーの海、貯蔵庫だといわれています。そして、私とあなたの区別はなく、超意識、宇宙意識と一体、一つの意識だといわれています。つまり、そうではないと私たちが思い込んでいるだけで、究極的には宇宙意識（神様といわれたりする）と同じものなのです。

ということは、私たちは全知全能、あなたが求める愛、喜び、豊かさ、叡智、平安、感謝、願うもの、在りたいものそのものなのです。あなたが願うもの、願う状況はすでに在ります。「ない」というものがないのです。ただ、あまりにも一体の極致で一つの

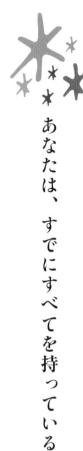

ものしかなかったら、自分が何なのかわからなくなります。

例えば、この世が、すべて、白い色しかなかったら、自分が白い色であることでさえわかりません。そこへ、黒い色があって、初めて自分が白だとわかるのです。赤や青もあれば、もっと、白や黒がどうであるのかわかるでしょう。

病気一つなかったら、自分が健康だということもわかりません。比較対照するものがなければ、その概念を持てないのが宇宙の法則です。自分は何なのか、どうであるのか知りたいがゆえに多種多様な世界があるのです。

『**潜在意識**』の視点では、すでに誰もが求めるものすべてを持っていて、求めるものそのものであり、完璧なのです。これが、ほんとうの自己肯定感。ほんとうの自己イメージ。それなのに、『**顕在意識**』のみの視点、価値観だけで生きていると、他人と比べて劣っているとか、足りないとか、自分を責め、否定し、卑下してしまいます。

でも、『**潜在意識**』の奥の別の視点で見れば、誰もがそのままで完璧なのです。多種多様の一つで、宇宙に貢献している、存在しているだけで価値があるのです。その中で、何を実現したいのか、何もしないのかは自由なのです。

だから、安心してください。

最高の幸せより、もっと最高の幸せ

小びんワークの中に「喜び風水ワーク」というものがあります。小びんワーク同様、風水グッズをインテリアのように飾り、いつも見ていることによって、運気が上がると意識でき、視覚的にも喜べるので効果がとても大きいワークです。

例えば、西に黄色いものを置いて、それを見るたび金運アップできると意識でき、喜べるので願いが叶います。しかし、それだけでは長期的に見て、心の成長や徳を積むことなどの心のレッスンは含まれないので、風水ワークだけでは瞬発力はあるけれど持久力がなく、心のレベルアップも望めないでしょう。心の成長をはかるとともに、風水グッズを一定期間過ぎたら新しく変えて、リフレッシュするという新鮮な風水をすることによって、運気アップが望め、願いも叶うのです。

その風水に出合ったきっかけとなる、風水の第一人者Ｄｒ．コパさんの著書の中で、衝撃を受けた言葉があります。コパさんのお父さんがコパさんにいった言葉で、**『幸運は綿あめのように絡みつく』**という言葉です。幸運が綿あめのように絡みつく？　想像できますか？　綿あめを作るとき、芯にする木の棒に綿あめが絡みついてできていく様子を比喩しているのです。過去の私は、幸せになることもイメージできず、自分が幸せになることも思いつけない感じの人間でした。そして、やっと、幸せになろうと思い始めた頃の自分にとって、それはとても聞き捨てならない衝撃的な言葉だったのです。

この世には、幸運が絡みつくような世界があるんだ。幸運が絡みつくような世界で生きてる人がいるんだ。そんな世界があったら、自分も行ってみたい。知ってみたい。見てみたいと思いました。

風水グッズのように、いつも「幸せの小びん」をインテリアのように見ながら、積極的に心のレッスンや成長、徳積できるワークをし、もう叶ったかの如く喜びながら願うと、願った以上の出来事が起こります。最高に幸せだと思う以上の最高の幸せがやって来るのです。なぜなら、**『潜在意識』**世界はあなたの知識を超え、概念を超えた無限の叡智に満ち、概念を超えた愛と豊かさに満ちているからです。あなたも、幸運が綿あめのように絡みつく世界に行ってみたいと思いませんか？　そういう世界を知ってみたいと思いませんか？　最高の自分、最高の幸せを願っても、『**潜在意識**』世界には、自分では想像もできない、計り知れない最高の自分、最高の幸せが準備されているのです。

誰にも、自分にも、心を汚されない決意

『**幸運が綿あめのように絡みつく**』人とは、どんな人でしょうか？　それは、少なくても、心の清浄な人です。誰も憎んでいない、恨んでいない、嫌っていない。怒っていない、嫌悪していない、腐っていない、心がすがすがしく、清浄で、明るく、温かく、人生を楽しんでいる人です。現実に起こるイヤなことや悪いことは判断できても、罪を憎んで人を憎まず、の人です。少なくても、そういう努力をしようとしている人です。

人のしたことで、自分の心を悩ましたり、汚したりしません。人のしたことを鏡にして自分が反省するのです。自分の「課題」、自分に必要なものと捉えるのです。もちろ

ん、自分から人をいじめたり、困らせたり、言葉の暴力や危害を加えたりしません。自分がしてほしいことを人にします。自分がされたくないことは、人にしません。そして、誰にもどんなことが起こっても、自分の心を汚されないのです。

同様に、自分自身によっても心を汚されたりしません。人は不安や恐怖を根底に、自分で自分を必要以上に責めたり、批判したり、否定してしまうものです。この「**自分責め**」を人は無意識のうちについついしてしまいます。もし、自分がそれをしていると気がついたら、すぐにやめて、傷つけたり、悩ましたり、汚すのをやめましょう。自分を褒めて、認めましょう。そして、人にも自分にも、どんなものにも自分の心は汚させないと決意するのです。

もしも、それでも、心を整理したつもりでも、イヤな思いが心に残っているときは、例えば……ついつい、人と比較して、自信を無くしたときや、とても横暴な、礼儀のない人にイヤなことをされたとか……。以下のイメージワークをしてください。

①光の『潜在意識』のシャワーを浴びるワークをします。

イメージでシャワーを浴びます。それは、光のシャワーでサンサンと降って来ます。全身シャワーを浴びたら、あなたの心を取り出して、光のシャワーで洗います。一筋の黒い汚れが流れ去って（このイメージがポイントです）、どうしても残ってしまうイヤな思いも一掃され、あなたの心は再びピカピカに輝いていきます。太陽の光でふっくら乾かしたら胸の中にしまってください。

②清らかな泉をイメージし、泉の中に浸るワークをします。

あなたの心を取り出し、清らかな泉の中に沈めましょう。汚れも取り去られ、受けた傷も癒されました（このイメージがポイントです）。泉から取り出して、太陽の光でふっくらとピカピカに乾かしたら、胸の中に入れてください。あなたの心はいつでもピカピカで、誰にも、自分にも、どんなものにも汚されたりしません。あなたの心の中には、いつ、どんなときにも、すがすがしい、さわやかな風がいつも吹いているのです。

うれしい、楽しいシンクロニシティ

誰にも、自分にも、どんなことにも自分の心を汚されないで、さわやかに喜んでいると、うれしい、楽しい**シンクロニシティ（意味ある偶然の一致）**という現象が頻繁《ひんぱん》に起こって来ます。

例えば、あなたが友達のことをあの人どうしてるかなと思っていたら、ちょうどそのとき「偶然」に、その人から電話やメールがあって話した。おいしいリンゴやメロンが食べたいなと思っていたら、ちょうど「偶然に」、訪ねて来た人がお土産に持って来てくれた。あることについて知りたいなぁと思っていたら、ちょうど「偶然」に、テレビで特集があって知ることができた、というような昔からあった、たまに起こって来る現象です。

シンクロニシティとは、心理学者のユングという人が提唱した概念ですが、ユング自身がシンクロニシティを体験していたのです。あるとき、ユングの患者の中に、なかなか心を開いてくれなくて心理治療の進まない夫人がいました。もちろん、ユングはこの夫人が心を開いてくれて治療が進むことを願っていました。そんな治療のある日、その夫人が夢の中で男性に甲虫（こがね虫ような）をかたどった宝石をもらった話をしました。すると、ちょうどそのとき、〝偶然に〟窓に甲虫が飛んで来てぶつかりました。ユングは甲虫を捕まえると、「さぁ、これがあなたの甲虫ですよ」と夫人に渡しました。夫人はびっくりして、以降ユングの治療にとても協力的になり、治療が進んだという話

があります。(『シンクロニシティ』フランク・ジョセフ著　宇佐和通訳　KKベストセラーズ刊より)

夫人が話した、ちょうどそのとき、甲虫が飛んで来たことはただの『偶然』ではなく、治療に非協力的な夫人がそのことによって協力的になり治療が進むという、ユングの願いが叶ったという意味があったのです。あの人どうしてるかなぁ、と知りたいと思っただけで、向こうから電話やメールがあって、どうしているかがわかる。つまり、それも小さな願いが叶ったことなのです。昔から、シンクロニシティ現象が起こっているのは、『引き寄せの法則』がこの世に働いているという真理の一端が垣間見られる瞬間なのです。

おいしいリンゴやメロンが食べたいなぁと思っていたら、ちょうど、訪ねて来た人がお土産においしいリンゴやメロンを持って来たのも、小さな願いが叶ったことです。そこで、もうちょっと大きなシンクロが起こったとします。ハワイに行きたいなぁと思っていて、でも、お金がないから行けないなぁと思っていたら、「偶然」にハワイ旅行が当たったとなると、願いが叶ったということになるのです。では、もっと大きなシンクロが起こったとします。ハワイに住みたいなぁと思っていたら、『偶然に』ハワイ在住のステキな人と出会って、トントン拍子で結婚し、移住することになったら、大きな夢が叶ったということになるのです。シンクロという現象が現れるのも、願いが叶うのも、同じ『引き寄せの法則』が働いている原理なのです。「一瞬で叶う」という現象もシンクロといえるでしょう。

　小さなシンクロや小さな願いが叶うことは頻繁に起こっています。ただ、気がついていないだけ、見逃しているだけです。心と、起こって来る出来事を観察しているつもりの私でも、時折、小さな願いが叶ったことをそれと気づかないで見逃してしまいそうになるときがあります。だから、小さなシンクロに気づくようにしましょう。小さなシンクロに気づき、もっと起こることを期待し喜べば、どんどん起こって来て、願いもどんどん叶って来ますよ。

プチ・ニルヴァーナをスキップして生きよう

潜在意識の奥の、レベルの高いところでは、私たちは自他の区別がなく一つのもの。

宇宙意識、神様と同じもので、何の心配もいらなかったのですよね。私たち自身が、求める愛、豊かさ、平安自体。でも、あまりにも一体、一つである極致では、比較対照するものが無くなるので、自分がわからなくなる。だから、自分とは何なのか、こうでもある、ああでもあると分離し、多種多様の世界を創っているのでした。その宇宙意識、自分が何なのか知りたい＝分離作用も強烈なので、行き過ぎて苦しみの世界も創ってしまうのです。

でも、今、私たちは波動のエネルギーによる『引き寄せの法則』があることを知っています。分離が行き過ぎた世界でも、求めるものや求める世界があるなら、それを手に入れたときと同じ〝喜び〟と〝幸福感〟の波動のエネルギーを発信して、実現すればいいという法則と方法を知っています。この法則を知っていると知らないとでは、人生が大きく変わって来ます。法則を知っていて、実践すれば、自分の望む人生を歩んでいけるとわかっていること自体が、幸せで、幸運で、平安で希望そのものなのです。

今ある、喜べることや感謝できることを見つめていくことで、特別ないいことがなくても、例え、イヤなことや、悪いことがあったとしても、今すぐ、そのままのあなたで、〝喜び〟と〝幸福感〟に満ちている幸せな人になることができます。能力があってもなくても。才能があってもなくても。注目されてもされなくても。成功してもしなくても。お金があってもなくても。美しくても美しくなくても。それぞれ（多種多様）のあなたが、そのままで、**自分と人を愛せて、「私は幸せ感」**いっぱい、**「感謝でいっぱい感」**に満たされ、楽しくワクワク喜びながら生きていくことができるのです。

小びんワークは、そのような境地にカンタンになれる楽しいワークです。軽〜い気持ちでぜひ実践してみてください。でも、気をつけないと、幸運と幸せが、雪崩《なだれ》のようにあなたに襲いかかってくるかもしれませんよ。この世は、そんなことが起こる素晴らしく、楽しい世界で、あなたは、あなたの中の〝喜び〟と〝幸福感〟の力で奇跡のように願いを叶えられる素晴らしい存在なのです。これからは、そのことを知っていて、喜びに注目し、マイナスがあっても対処はするが囚われない、いつでも喜び、いつでも平安、いつでも希望、そんなプチ・ニルヴァーナ（涅槃《ねはん》）の境地を、幸福感とアルファー波いっぱいに、スキップしながら生きていきましょう。

あとがき

本書、『願いが叶う　幸せの小びんワーク』の出版にあたり、ジャイアン出版塾、塾長の吉田浩さん。マキノ出版社の元編集長で、「小びんワーク」を、雑誌『ゆほびか』部門にご紹介してくださった狩野元春さん。ご興味を示し『ゆほびか』に掲載してくださった編集者の引田幸児さん。そのお陰で、みらいパブリッシング出版社の副社長、田中英子さんと出会うことができ、このように思いが現実となって、出版することができました。ありがとうございます。

また、何より、今、この本を手に取ってくださった方々、ありがとうございます。実は、私は幼い頃から、本を書くのだとわかっていました。何の本なのかは、わかりません。それどころか、そんなことができる世界とはかけ離れた、苦しい人生を歩んで来たのです。ところが、生まれて来たくなかった、存在したくなかった私が、勇気を出して出産し、建てた新しい家で、「**人（子ども）を愛せる**喜び」とともに、「〝**人（子ども）を愛せる自分**〟を愛せる喜び」の絶頂体験をしました。あまりの幸せと幸福感に、日々が感謝の思いでたまらず、恨みや憎しみ、マイナス感情が吹き飛んでしまい、プラスの高い心になったのです。すると同時に、ふと思ったことや願ったことが奇跡のように叶っていくようになりました。願いが叶うとまた幸せを感じ、また、幸せを感じるような願いが叶って、幸せのスパイラルが起こって来るのです。

この喜びの感情を使えば誰でも願いを叶え、幸せになれる！　衝撃を受けた私は、そうか！　このことを研究し、本を書くのだとわかりました。なぜ、奇跡のように願いが叶うのか？　この世には『引き寄せの法則』が働いているからです。私は、引き寄せの本、『ザ・シークレット』（ロンダ・バーン著 角川書店刊）に書いてあるとおりのことを、そのとき実体験していたのです。秘密とは、『引き寄せの法則』のことです。

『ザ・シークレット』には、次のように書いてあります。

「あなたをこっそりと『**秘密**』の仲間に入れてあげたいのです。人生で欲しいものを手に入れる近道は、先ず今、幸せに**なり（Be）**、今、その幸せを**感じること（Feel）**です！　それこそが、お金でも何でも、人生で欲しいものを引き寄せるもっとも早い方法なのです。その喜びと幸福感を宇宙に放射してください。そうすると、あなたは、喜びと幸せをもたらすすべての良きものを引き寄せます」

でも、どうやって、この日常生活、今、幸せに**なり（Be）**、今、その幸せを**感じること（Feel）**ができるのでしょう？　研究してみると、私たちには喜べない、マイナスの心の習慣があるのがわかりました。どうやったら、それをいつも喜べるプラスの心の習慣に逆転していくことができるのでしょう。私は、その〝喜び〟と〝幸福感〟を特別のことがなくても、誰でも、そのままで、カンタンに持つことができる方法とワーク、グッズを考案しました。それが、願いの叶う「幸せの小びん」とその「ワーク」なのです。

これからは、このステキなワークをライフワークとして、広めていきたいと思っています。この本があなたの幸せに少しでもお役にたてたら、ぜひお友達、お母さん、おばあさん、姉妹にご紹介いただくか、プレゼントしていただければ、とてもうれしいです。

セッションやセミナー、教室等も開催しております。ご興味があれば、フェイスブック、ブログをお訪ねください。願いや夢についてお話を聞いたり、願いが叶い、あなたに起こったうれしい奇跡の数々をお聞きし、「スゴ～い‼」と飛び上がって喜びたい、それが、私の次なる願いです。

出版させてくださったみらいパブリッシングの田中英子さん、編集に関わってくださった小根山友紀子さん、スタッフのみなさま、ありがとうございます。

〝いつでもハッピー・ラッキー〟～すべてに感謝して～

幸運しあわせ

1959年生まれ。願いを叶えるシンクロニスト&幸せ研究家。

日本心レッスン協会主宰。

コンビニエンスストア経営。小びんワークセラピスト。リラクゼーションセラピスト。

ふと思ったことが一瞬で叶うようなシンクロニシティのスペシャリスト。

物心ついた頃から、母より精神的な虐待を受けながら育つ。その苦しみから、生まれた意味、存在する意味を探し求める。39歳で出産し、生まれた我が子を通じて、人を愛する喜びの絶頂体験をする。すると、毎日が喜びと感謝でいっぱいになると同時に、願ったことが奇跡のように次々と叶うようになる。この喜びの力に衝撃を受け研究。『引き寄せの法則』をパワーアップさせる、願いが叶う「幸せの小びんワーク」を考案。現在、セッション、セミナー、教室を通じて幸せになる法則とその方法を広める活動を行っている。

フェイスブック　Kooun Shiawase

ブログ　幸運しあわせ.com

願《ねが》いが叶《かな》う　幸《しあわ》せの小《こ》びんワーク

2020年7月26日　初版第1刷

著　者 ――― 幸運《こううん》しあわせ
発行人 ――― 松崎義行
発　行 ――― みらいパブリッシング
〒166-0003 東京都杉並区高円寺南 4-26-12 福丸ビル6F
TEL 03-5913-8611　FAX 03-5913-8011
https://miraipub.jp　mail:info@miraipub.jp
写真　デザインオフィス・キャン（口絵 P1 ～ P5）
編集　小根山友紀子
ブックデザイン　堀川さゆり
発　売 ――― 星雲社（共同出版社・流通責任出版社）
〒112-0005 東京都文京区水道 1-3-30
TEL 03-3868-3275　FAX 03-3868-6588

印刷・製本―株式会社上野印刷所

ISBN978-4-434-27710-8 C0077